爆文创富

一学就会的写作变现指南

打破畏惧心理，普通人不再害怕写作
突破传统认知，写出你想要的新生活

姚茂敦　著

图书在版编目（CIP）数据

爆文创富：一学就会的写作变现指南 / 姚茂敦著. -- 北京：企业管理出版社，2025.1. -- ISBN 978-7-5164-3195-5

Ⅰ．H152.3-62

中国国家版本馆CIP数据核字第2025PG1036号

书　　名：	爆文创富：一学就会的写作变现指南
书　　号：	ISBN 978-7-5164-3195-5
作　　者：	姚茂敦
责任编辑：	解智龙　宋可力
出版发行：	企业管理出版社
经　　销：	新华书店
地　　址：	北京市海淀区紫竹院南路17号　　邮　　编：100048
网　　址：	http://www.emph.cn　　电子信箱：emph001@163.com
电　　话：	编辑部（010）68701074　发行部（010）68417763　68414644
印　　刷：	河北宝昌佳彩印刷有限公司
版　　次：	2025年3月第1版
印　　次：	2025年5月第2次印刷
开　　本：	710mm×1000mm　1/16
印　　张：	14
字　　数：	177千字
定　　价：	68.00元

版权所有　翻印必究　·　印装有误　负责调换

前 言
PREFACE

写出想要的新生活

2024年年初，一位诗人朋友来拜访我。我们交流了很多话题，最终聊到了如何让写作者的文章更具商业价值。

这些年来，因为工作关系，我接触和认识的写作者不下5000人，他们之中，有专写小说、散文、诗歌或文学评论的传统作家及文学爱好者，还有数量众多的自媒体人。整体上来看，大多数传统作家或文学爱好者基本把自己封闭在小圈子里，生活清贫。

在我看来，擅长或爱好写作的人基本是思维活跃，有才华、有智慧和有想法的人。但一个尴尬的现实是，不少依靠写作和稿费生活的作家和文学爱好者连基本的生活保障都成问题。

作为一位创作时间超过25年的过来人，我对大多数写作者的处境比较了解，也感同身受。为此，我一直在努力改变，希望能够利用自己擅长写作这项技能写出想要的新生活。

在生活的重压之下，我在大学期间便开始尝试商业写作。幸运的是，我的辛苦付出总算取得了一点小的成绩。截至 2024 年 7 月，作为作家，我已创作并出版《钱小兔学经济》《30 分钟学创业：手把手教你解决 7 大核心问题》等 8 部图书。作为策划人，我已策划出版《5G 时代》《底层思维：卓越人生的逻辑魅力》等畅销书，部分还进入"中国好书"榜。

20 多年来，我创作的作品超过 1000 万字，我也曾经做过某知名报社的高级责编、投资公司副总经理，还接受过中央人民广播电台专访。与此同时，我也曾连续创业，横跨投资、餐饮、文化等多个行业。

一、来自西部小山村的懵懂少年

2018 年 12 月，我的第三本图书《散户擒牛战法》上市，因为新书需要宣传，恰好知名记账类 App 随手记的一位编辑找到我，希望采访我。

在商量以何种方式呈现这篇专访内容时，编辑建议，以自述的形式可能更容易拉近与读者的距离，信息也更加全面准确。我接受了这个建议，以第一人称的写法，顺利写完这篇文章，标题叫《左手写诗，右手炒股，他靠写作搞定房子和车子！》。在这篇文章中，我系统回顾了自己在 2018 年年底之前的经历。当然，过去的几年里，我的生活发生了很多变化，这些变化包括家庭、事业，以及我对写作方面的理解等。

在上述文章中，我谈到了自己的成长经历。我来自西部省份贵州，在一个偏远的小山村长大，从初中时开始写诗歌，当我的一个作品在铜仁地区（现已改为铜仁市）的一本文学杂志上发表后，我的信心被激发出来，觉得自己是写作这块料，于是开始不断地写。其实，我也谈不上有多喜欢写作，最开始是稚嫩的作品发表后，觉得写作还挺好玩的。再后来，觉得写作多少能赚点钱，可以作为一门生存的技能。

进入大学后，我的视野一下子被打开了。没事时经常跑图书馆，看名家的散文和诗歌，然后试着模仿写作。让我没想到的是，我的一篇名为《春到随园》的散文很受同学们欢迎。这篇文章写的是我所在的贵州大学小关小区的环境。看过这篇文章的同学都说，我们天天生活在这里，咋就没你观察得那么仔细、感悟那么深呢？必须承认，同学们的这些话让我有了一些成就感，觉得自己在写作方面有那么一点点天赋。

真正让我信心爆棚的是《春到随园》这篇文章有幸刊登在全国著名的文学杂志《山花》（增刊）上。学院团委的老师见我喜欢写作，加上我对社团工作比较热心，就让我创办院报《南垭风》并任执行主编。

大学毕业后，我成为《贵阳日报》一下属报社的记者和编辑，向自己的人生目标迈出了第一步，也圆了自己小时候的记者梦。此后，我在多家媒体工作过，并做过多年的自由撰稿人。由此，写作成为我安身立命之本。

回顾这些年的职业发展轨迹，我发现无论工作怎么变动，我大多时候都是在文化领域里打转。比如，在医院做企划总监时，我也是每天做策划、写文章。此后，在一家投资公司做副总时，公司的培训和宣传工作也是由我负责。再后来，我在一家主流财经媒体做了近 6 年的高级责任编辑后，离职进入出版行业。或许，文字注定是我这一生中永远离不开的"情人"了。

二、为什么我能出版多本书

在很多人的印象中，写作出书是极难的事情。不少写作者努力一辈子，想圆一个出书梦，始终未能如愿。而出书于我而言，似乎不是什么难事。

截至 2024 年 7 月，我已经出版了 8 本图书，还得到了出版社给我支付的版税。

那么，我是如何做到的呢？其实并不复杂，主要原因就三点。

1. 坚持常年写作

写作是一件很痛苦，也很孤独的事情。不是特别喜欢这件事，除非拥有某种特殊的情感，或者能够得到一定的经济回报，确实很难将一件事坚持二三十年。尤其是对于写作这件并不怎么赚钱的事情，长期坚守的难度更大。或许，我是幸运的，随着年龄增长，我开始享受到写作的乐趣，而且又能把写作当成工作。基于此，我一直在写作这条路上奔走不停。

我特别喜欢近代著名音乐家、美术教育家、戏剧活动家李叔同的名言：念念不忘，必有回响。时至今日，我不敢说自己有多大的成就，但起码没有虚度光阴。

2. 紧跟时代步伐

前面提到，我在初中时开始写诗歌，此后还写过散文、小小说，并在一些省级、国家级文学期刊上刊发表过作品。后来，我还给《意林》《中国青年》《青年文摘》等著名期刊写过纪实类文章。再往后，我又给《中国证券报》等行业权威大报撰稿，并创作出版图书。

我的创作之路转型比较快、跨界比较大，从最初的文学先后转到投资、少儿财商、创业等商业领域。归根结底，可能与我的外向型性格、善于学习，以及做过媒体人的经历有关。

3. 将变现放在重要位置

对于写作者来说，传承中华优秀传统文化、传播先进的思想，永远是第一位的。与此同时，写作者还得考虑生存和吃饭问题。

对我来说，写作是一门技术，也是一门吃饭的本领，与其他工作并无本质上的不同。基于这一认识，我在写作道路上逐步把变现放在重要位置。

当然，我对于变现的思考也经历了一个痛苦且漫长的转变过程。早年，写作更多是出于兴趣。直到最近几年，我逐渐认识到变现的重要性。尤其自2023年以来，我开始花费大量业余时间，将商业写作变现作为重要的研究课题，还购买了一些线上课程进行学习。

试想一下，写作者作为知识较为丰富、思维较为活跃的群体，反而要为生存和吃饭问题发愁，正常吗？甘心吗？相信很多人的心里都有自己的答案。在我看来，在遵守法律法规和尊重公序良俗的基础上，用自己的知识和才华获得经济回报，绝对是一件值得自豪的事情。

基于种种考虑，这些年，我在个人自媒体上开设了一些收费专栏，影响了一批写作者，但这种方式毕竟受众有限。为了更系统地讲解写作变现的相关知识和实战技巧，让更多的写作者写出更加具有商业价值的爆文，我下决心写这本书。

全书共7章，内容涉及如何正确理解写作这件事，弄懂写作变现的五个关键点；如何让选题更吸引人；如何取一个漂亮标题；如何搭建内容架构；如何让内容更具价值；还对如何使用AI（人工智能）辅助写作进行了分析，并提出实操建议。

阅读本书，可以让写作者更好地理解写作，尤其是商业写作和变现的底层逻辑，快速掌握写作的基本技巧，虽然说不是每一个人都可以通过写作变得富裕起来，但如果你能掌握并悟透书中的内容，同时严格执行，相信会让你变得更自信，写出更多爆文，获得你想要的新生活。

姚茂敦

2024 年 7 月于成都

目 录
CONTENTS

第一章　认识：深刻理解写作这件事 1

第一节　写作的分类 2
一、写作的基本分类 2
二、商业写作的五个特征 3
三、商业写作的本质 5

第二节　天赋和勤奋哪个更重要 8
一、天赋的魔力 8
二、勤奋的魅力 10
三、商业写作的秘密 11

第三节　你为什么走不出第一步 14
一、商业写作月入过万，普通人真能做到吗 14
二、走出第一步，到底难在何处 15
三、月入过万不是梦，新人应该怎么做 18

第四节　心态决定结果 20
一、写作者需要承受哪些压力 20

二、优秀的写作者的心态 23
　　三、遇到困难时如何调整心态 24
第五节　写作给普通人带来的九大好处 26
　　一、五大直接好处 27
　　二、四大间接好处 28

第二章　变现：写作变现的五个关键点 33
第一节　了解你的目标读者 34
　　一、何为目标读者 34
　　二、如何深入了解目标读者 35
　　三、找准目标读者有哪些好处 38
第二节　写出有价值的内容 40
　　一、让内容具有不可替代性 40
　　二、用心真诚创作 42
　　三、激发客户的付费意愿 42
　　四、了解目标客户的付费能力 43
第三节　坚持持久训练 46
　　一、写作的见效时间为何无法预测 46
　　二、分解目标，让实现目标的时间变短 48
　　三、实战案例：一位新人的做法 51
第四节　变现渠道知多少 53
　　一、撰写出版商业图书 53
　　二、投稿自媒体大号 55
　　三、自建商业自媒体 55
　　四、利用影响力变现 56

五、做网络写手或主播 56

　　六、知识付费 57

　　七、参加征文或比赛 57

第五节　内容营销的密码 59

　　一、何为内容营销 60

　　二、内容营销为何如此重要 60

　　三、普通人如何进行内容营销 62

第三章　选题：让创意跑起来 69

第一节　如何让选题更吸引人 70

　　一、选题的基本概念及功能 70

　　二、选题论证的基本流程 72

　　三、如何让选题更吸引人 74

第二节　真的需要选题库吗 76

　　一、不可或缺的选题库 76

　　二、选题库有哪些作用 77

　　三、如何建立高效、好用的选题库 79

第三节　如何从日常生活中找到好选题 82

　　一、好选题有哪些特征 82

　　二、如何找到好选题 84

第四节　好创意的威力 88

　　一、什么是创意写作 88

　　二、创意写作需要具备哪些能力 89

　　三、好创意能够带来哪些威力 91

第四章 标题："题好文一半"的威力 97

第一节 标题为什么如此重要 98
- 一、阅读标题，读者想得到什么 98
- 二、一个好标题的三大神奇功效 99
- 三、你为什么取不出好标题 101

第二节 好标题的五大特征 104
- 一、好标题有哪些特征 104
- 二、好标题的常见类型 107
- 三、取标题的四个误区 109

第三节 取好标题的几个方法 110
- 一、取标题之前要做哪些必要准备 110
- 二、不同平台（载体）的好标题取法 112
- 三、不容忽视的副标题 114

第四节 实战案例：巧改标题，阅读量暴增 116
- 一、与传统写作相比，自媒体写作有哪些特点 116
- 二、自媒体为普通人带来了什么 119
- 三、实战案例：好标题可让阅读量暴增 121

第五章 结构：豹头凤尾有讲究 125

第一节 好的开头激发读者兴趣 126
- 一、"凤头""猪肚""豹尾"是什么意思 126
- 二、好的开头有哪些作用 127
- 三、好开头的常见类型 129

第二节 如何让内容含金量十足 132
- 一、准确理解内容含金量 132

二、内容含金量的重要性..133
　　三、六个步骤提升内容含金量..135
第三节　结尾决定读者是否付费..139
　　一、结尾直接影响读者的付费意愿......................................139
　　二、好结尾的五大作用..141
　　三、如何写出漂亮的"豹尾"..142

第六章　内容：有料、有趣、有价值......................................147

第一节　什么样的内容更吸引人..148
　　一、内容的格调..149
　　二、内容格调真的重要吗..149
　　三、六招提升内容的吸引力..151
第二节　成为既专又杂的高手..154
　　一、是做杂家，还是专家..154
　　二、既专又杂，可能吗..156
　　三、如何成为既专又杂的高手..157
第三节　三招让作品更具可读性..160
　　一、如何理解可读性..160
　　二、三招提升作品的可读性..162
第四节　满足读者需求是变现的根本......................................166
　　一、你真的了解读者需求吗..166
　　二、如何更好地满足读者需求..168
　　三、实现变现，你必须悟透四个道理................................170

第七章　AI：提升写作效率的新利器 175

第一节　AI 写作的底层逻辑 176
一、AI 写作的底层逻辑及步骤 177
二、AI 写作有哪些好处 178
三、AI 写作的弊端与不足 180

第二节　让 AI 成为写作上的得力助手 182
一、常见的 AI 写作工具 182
二、免费版和收费版的区别 185
三、让 AI 成为写作助手有哪些注意事项 186

第三节　AI 助力写作变现 189
一、同样的提问，为何不同平台给出的答案不同 189
二、如何让提问更加精准、有效 190
三、AI 能够助力变现的五个细分领域 192

第四节　实战案例：AI 花一分钟创作千字文 196
一、文心一言的生成版本 196
二、豆包的生成版本 198
三、知乎直答的生成版本 200
四、对 AI 生成内容的评点 201

后记：通过写作向最好的时代致敬 205

第一章
认识：深刻理解写作这件事

　　写作是一件门槛很低，但没有天花板的创作活动。从理论上来讲，一个人只要能认字、会写字，就可以从事写作工作。不过，写作这项活动的核心和关键在于"创"字，即你的写作必须有独创或创新之处，这样才能在激烈的竞争中脱颖而出，得到更多读者的关注和喜欢，进而达到变现赚钱的目的。基于此，写作者必须对写作的分类、天赋与勤奋的关系、自己为何走不出第一步、写作能带给普通人哪些好处等基础逻辑有一个全面的认识和深刻的理解。根基打牢了，才能修建起写作事业的摩天大楼，并实现爆文创富的目标！

第一节　写作的分类

说到写作，其定义较多。根据百度百科的定义，写作是指运用语言、文字、符号以记述的方式反映事物、表达思想感情、传递知识信息、实现交流沟通的创造性脑力劳动过程。也有观点认为，写作是一种以一定的文字组合形式使反映主客观世界的创造性思维具体显现的传播手段。在我看来，一切运用文字、符号等工具，有目的地传递信息、表达情感的创造性脑力劳动均可称为写作。

一、写作的基本分类

从不同的角度和标准来看，可以对写作进行不同的分类。不过，无论是哪一种分类，并没有绝对和统一的标准。

按文体划分，可分为记叙文、说明文、议论文、应用文。

按内容划分，可分为文学类写作和非文学类写作。其中，文学写作包括小说、散文、诗歌、戏剧等，而非文学类写作包括新闻报道、学术论文、科技报告、商务软文等。

按目的划分，可分为创作性写作和功能性写作。

我更愿意把写作分成商业写作和非商业写作两大类。

从字面理解，商业写作也可以称为职业化写作，这种写作以读者需求为核心，充分考虑作品的畅销因素和作品的商业效应。商业写作是在保证一定文学性的基础上，写作的风格相对通俗化，让普通读者能够看懂并获得一定的帮助。商业写作包含网络小说、自媒体写作、商业软文、广告语、定制文章等多种类型。非商业写作可称为传统文学写作，这种写作较少考虑商业价值，更多的是在精神层面追求自我激励或传播思想，诗歌、散文和小说等作品类别是典型代表。

需要指出的是，无论是商业写作还是非商业写作，本身没有好坏之分，区别在于写作者的个人选择和兴趣各有不同而已。

早期，我的写作主要以诗歌、散文和小小说等纯文学作品为主。后来，迫于生活压力及兴趣转变，我的创作方向逐步从纯文学转向商业写作。2010年我创作出版第一本股票书《老鼠戏猫》，此后上市的《搏杀主力》《散户擒牛战法》《钱小蛋理财记》《30分钟学创业：手把手教你解决7大核心问题》《钱小兔学经济》等多部作品，均属于商业图书。所谓商业图书，是指一切与商业经营和经济发展相关或具有商业价值的图书。

二、商业写作的五个特征

其实，商业写作不是什么新生事物。比如，在封建社会，读过一些书或字写得漂亮的人，在街上挂上一块招牌，上标代写书信、诉状或契约什么的，就是典型的商业写作。只不过，当时尚无商业写作的概念。

从商业写作的发展历程来看，现代化的概念100多年前已经在国外出现，而在中国，直到20世纪70年代才正式出现这一说法。随着自媒体的横空出世，商业写作在中国取得了突飞猛进的发展，这一概念也被越来越多的人所熟知。

经过多年实践和研究，我认为，商业写作有五个显著特征：较大的信息量、明确的目的性、专业性突出、较强的实用性、对文笔要求不高。

1. 较大的信息量

所谓较大的信息量，是指商业写作所要传递的信息、知识或资讯较为丰富和多元。比如，一个新楼盘上市，无论开发商请人撰写的商业软文，还是拍摄制作的视频广告，里面基本都会包含楼盘名称、房价、户型、地理位置、周边配套、交通优势、未来规划等大量购房者关心的信息，很少有人只把户型和价格等少量信息放进去。否则，面对有限的信息，购房者很难做出实地看房的决定，自然也就不会出手下单。而足够多的信息，可以让购房者能够在较短的时间获得自己感兴趣的信息，然后在多个楼盘中快速筛选出潜在目标，进行实地考察，进而签订购房合同。

2. 明确的目的性

与文学写作更多注重写作者的个性化需求不同，商业写作的核心在于商业二字。既然此类写作是围绕商业展开，其目的就较为明确。换句话说，商业写作的主要目的之一，就是尽可能地让消费者或目标读者精准地了解信息、获得帮助或达成转化的目标。

3. 专业性突出

文学作品强调文笔优美、意境深远，突出艺术性和思想性，而商业写作则强调内容的专业性、权威性及吸引力，无论是提供解决方案、分析数据还是介绍产品，都会力求以准确、专业、可信的形象示人，以便增强说服力和影响力，应对激烈的商业竞争，达到预期的商业目的。

4. 较强的实用性

众所周知，纯文学写作侧重于个人的思想表达、情感输出或探索人性，更多突出文学性、思想性和艺术性，鼓励天马行空和随性而为。而商业写作则不同，更加强调解决实际的问题，要求具备一定的实用性。比如，一篇写景的散文，可以是自由抒发情感，辞藻优美，可以从看不见的人性写到浩瀚无垠的外太空。而一篇介绍新手机上市的商业文章，无论采取哪一种表现形式，都脱离不了产品的强大的性能、漂亮的外观和用户体验等实用功能。

5. 对文笔要求不高

一般来说，传统文学创作对作者的文笔和想象力要求较高，而商业写作对文笔的要求相对较低。尽管良好的表达能力和清晰的逻辑结构必不可少，但商业写作更注重信息的准确性、专业性、实用性和权威性，促成销售或获得经济效益才是关键，如果这个目标达不到，再华丽的辞藻和优美的修辞手法都是无效的。

三、商业写作的本质

商业写作的本质浓缩成一句话，就是创造互动机会并产生商业价值。换句话说，通过广泛和高密度的互动，让写作围绕"商业效果"而展开。

说得直白一点，商业写作的核心目标之一，主要是为了变现赚钱。因此，商业写作者必须充分考虑作品的质量、深度和卖点，客户的需求,读者的喜好等关键因素,用清晰明了的语言、合理的结构、生动有趣的风格,达到更好的传播效果,触动用户情感,最终达到促成变现甚至创富的目的。

通过这段描述,大家已经看到,商业写作的本质,其实有两个关键点。一是互动,二是商业价值。

这里的互动,主要强调的是作者与读者之间的互动,包括读者的认可、评论、转发、点赞和分享,读者的这些行为可以影响作者的创作方向和质量高低。这种情况彻底改变了过去作者单向输出、读者被动接受的格局。而商业价值则主要体现在内容变现的渠道和方式的多元化方面。比如,一篇受人欢迎、阅读量达到百万级别的高质量文章,发布在自媒体平台上,综合收入可能达到几千元,甚至上万元,而收入来源可能有几个部分:平台给予的流量收益、读者和粉丝的打赏、客户的广告费用、带货的佣金等,这种多元化的收入在传统写作中是不可想象的。

不过,需要特别提醒的是,商业写作虽然带有商业属性,但绝对不是无底线和无原则写作,必须遵守法律法规、尊重公序良俗,严守道德规范。一些写作者为了赚钱,有意或无意地诋毁或抹黑竞争对手,误导消费者,或采取低俗的做法,必须禁止!

自媒体刚刚兴起时,一些视频博主为了攫取平台给予的流量收益,不惜做出出格行为,而一些图文博主则撰写一些耸人听闻的假消息,甚至不惜造谣生事。此类做法就算暂时获得巨大流量和不菲收益,但终将被人识破,自毁长城。

针对各种网络乱象和不法行为,监管部门和自媒体平台纷纷出台更加严格的管理措施，目的就是净化网络空间。

　　基于此，我认为，在新时代背景下，写作者除了要了解和学习写作的分类，掌握商业写作的知识和技巧，挖掘自身写作潜力，提升写作技巧，培养商业思维，更重要的是遵纪守法，在充分用好互联网平台和工具的基础上，努力创作出更符合市场需求的优秀作品。与此同时，通过写出更多的爆文，让知识和才华变得更值钱，让自己的生活变得更好。

第二节 天赋和勤奋哪个更重要

在现实生活中，勤奋和天赋哪个更重要的话题经常被人拿出来讨论，站在不同的角度，看法也是各不相同。有人认为天赋更重要，因为天赋能让一个人在更短的时间内实现预期目标；也有人认为，勤奋更重要，因为就算是天才，如果不持续努力，躺平摆烂，一切都是白搭。

客观来说，天赋和勤奋都是极为重要的。但是，具体到写作这件事，勤奋的重要性可能更大一些。

一、天赋的魔力

所谓天赋，就是与生俱来的一种能力或特质。比如有的人两三岁就在舞蹈方面表现出与众不同的能力，即便没有接受过正规专业的训练，只要身边有音乐响起，或者看到别人跳舞，就会不由自主地跳起来，或者模仿得有模有样。

说到天赋超群的神童，历史上有记载的不少。比如蔡文姬，她是东汉大文学家蔡邕的掌上明珠，也是中国历史上著名的才女和文学家。

6岁那年，一个晚上，文姬在睡梦中被父亲的琴声吵醒。此时，因用力过猛，蔡邕不小心把一根弦弹断了，但他还没察觉到，照弹不误。

文姬却马上听出端倪，说："父亲，您弹断了第二根弦！"蔡邕大为吃惊，女儿从来没有学过弹琴，甚至连琴都未摸过，怎么就听得出他弹断了第二根弦呢？蔡邕心想，女儿莫非是运气好，蒙对的？为了考察女儿，不一会儿，故意把第四根弦弹断。文姬又立刻辨出说："父亲，您又把第四根弦弹断了！"蔡邕终于相信女儿的确无师自通，掌握了音律。此后，在蔡邕的精心培育下，蔡文姬不仅在音乐方面取得了卓越的成就，还成为一名大名鼎鼎的女诗人，这便是"蔡琰辨琴"的典故。

从蔡文姬的成长过程来看，天赋在一个人的成长过程中的确扮演着十分重要的角色。那么，天赋是从何而来的呢？

研究表明，天赋主要来源于两个方面：遗传因素和早期环境。具体来说，遗传基因在一个人的天赋中扮演着重要角色。基因是遗传的物质基础，存储了个体的遗传信息，包括个人的生理特征和某些先天能力。而早期的环境也是培养和挖掘天赋的关键因素。特别是在个体成长的幼年阶段，与环境的互动会极大地影响一个人潜能的开发。

我在多个场合曾经说过，虽然天赋极为重要，但对于不同行业和领域来说，这种重要性存在巨大差别。具体到文化艺术行业，天赋或许能够决定一个人成为大师，还是熟练的匠人。比如，出生在同一个家庭的兄弟俩，智商和环境都差不多，其中哥哥在钢琴方面天赋异禀，经过努力，极有可能成为令人尊敬的钢琴大师；而弟弟对钢琴没什么兴趣，迫于父母的强硬要求，他只能勉强去弹琴。但就算他弹一辈子琴，直至生命终结，他的钢琴演奏水平也只能达到较高的水准，更多是"唯手熟尔"，与大师的水准相去甚远。

是的，天赋确实散发着无穷魅力，有了天赋的加持，一个人会快速成长并缩短获得回报的时间周期。但必须说，天赋这种东西，并不是每个人都有，或者说我们每个人都在一些方面埋藏着天赋，如果没有成功发现并挖掘出来，这种天赋就发挥不出任何作用。

对于写作者来说，相信谁都希望自己能够具备很高的写作天赋，轻轻松松写出影响力巨大的经典作品。但事与愿违，天赋极高的写作者少之又少。经过这么多年的观察与思考，我发现，对于写作变现来说，并不需要我们在写作方面拥有太多天赋。只要勤学苦练，了解和掌握一些基础知识和技巧，不断总结经验和教训，同时具备一定的商业思维，依然能够取得相当不错的成绩。

二、勤奋的魅力

曾经在知乎上看到一个热门提问：写作一次两次看不到成果，到底还要不要坚持？该问题的回答超过 800 条，我也专门撰文进行了回答，并提出了六个观点，包括写作必须坚持长期主义、重在自我成长、突出社会参与、进行文化传承、享受过程之美、感受各种可能性。

当然，这件事的重点不在于大家的回答是否精彩，其中的关键点是，面对坚持二字，很多人觉得多么无力和无助。

从字面来理解，所谓勤奋，是指在学习或工作过程中努力上进的一种态度。

在人的一生中，勤奋的作用实在太大了，其重要性远远超过天赋。毕竟天赋这种东西可遇而不可求，不是人人都有，而勤奋是我们安身立命，一步一步走向成功，取得一个一个成绩的基础和关键。

勤奋为何如此重要？在我看来，它至少有三大作用。

首先，勤奋可以促进成长。一个人从呱呱坠地到离开世界这段时间，时时刻刻都需要成长和发展，而人的成长和发展需要不断学习和探索，挑战和突破自己的极限。而勤奋是实现这些目标的核心手段之一。如果我们不勤奋，只想躺平摆烂，不但无法挣钱养活自己，也不可能有进步。对于商业写作来说更是如此。设想一下，如果不去学习和了解相关知识，不日复一日地练笔，怎么可能写得出让客户和读者满意的好作品？

其次，勤奋可以实现目标。人生在世，在不同阶段，总会有大大小小的目标。比如，对蹒跚学步的幼儿来说，如果不经历一次次跌倒、站立、再跌倒、再站立的练习，自然无法让步伐变得更加平稳矫健。而对于想完成一个小目标的创业者来说，如果不在商海中奋力搏击、反复沉浮，并且遭遇呛水，是不可能实现更大的目标的。换句话说，勤奋是帮助我们实现目标的基本路径。没有勤奋作为后盾，再宏大雄伟的目标只能是美丽的幻想，永远也实现不了。

最后，勤奋可以带来满足感。根据著名心理学家马斯洛的需求层次理论，人除了食物、水、睡眠等基本生理需求外，越往上走，被尊重和审美的需求也需要得到满足。换句话说，被人认可和尊重，对个人来说是极其重要的。而要获得这些高层次的需求，勤奋和努力不可或缺。只有通过不断努力，我们才能够获得更多的满足感和幸福感。

三、商业写作的秘密

一般来说，人们更倾向于强调勤奋，因为勤奋是主动选择，有一定的确定性。而天赋被视为被动选择，后天很难改变，反而会让人产生不思进取的消极思想。

我认为，无论你的天赋高与低，积极主动的心态和做法，对于个人成长的速度和成就的大小都是尤为关键的。

这些年，经常有粉丝和读者向我诉苦，说自己特别想学习写作，传播自己的思想和知识，并通过写作获得经济回报。但是，考虑到自己没有天赋，所以迟迟不敢走出第一步，实在是太遗憾了。也有些小店店主不知如何撰写推文宣传自己的产品，因此担心在这个流量为王的时代，自己的产品会被网络浪潮中各种吸引人的推文淹没。但苦于自己学历太低、文笔不好。

在此，我要再次强调，商业写作变现，其实与天赋无关。最为关键的是，要拥有一定的写作基本功，了解和掌握商业社会的底层逻辑，搞懂商业写作的基本知识和技巧，再学习一些商业思维，然后在实践中反复练习。如果再有一些小小的创新，清楚读者的需求，解决读者的痛点，即可一步步实现爆文创富的目标。

这，就是商业写作的全部秘密！

因此，那些有各种担忧和恐惧的写作者，之所以不敢走出第一步，其实是被自己心里那道无形的墙挡在了外面。

事实上，商业写作并不神秘，也没有想象中那么难，除了写作的基本功过关和具备一定的商业思维，写作者更需要做的一件事情，是勇敢地与自己做思想斗争，放下清高和面子，战胜心中的恐惧。在此过程中，心态调整至关重要。

近年来，经我指导过的写作者，通过勤奋努力，在商业写作中取得一定成绩的人约有几百位。他们之中，有小有名气的纯文学作家，有上班的白领，也有赋闲在家的宝妈。

　　看到这里，不知道你是不是多少有些开窍了呢？至少，应该不会盲目自我设限了吧？

第三节 你为什么走不出第一步

最近几年，伴随着移动互联网的高度发达和智能手机的普及，人们获取资讯和知识的渠道更加便捷，加上自媒体创富的故事不断涌现，由此吸引了一大批传统作家、文学爱好者及自媒体人摩拳擦掌，想在商业写作领域拼搏一把，改变自己的人生命运。但一个普遍的现实是，很多人却始终走不出第一步，那么，问题到底出在哪里呢？

一、商业写作月入过万，普通人真能做到吗

如今，商业写作变现已经成为时代热潮。很多人特别关心的一个问题是：普通人真能做到吗？答案是可以，但不是每个人都能做到。

为了便于大家更好地理解，我举一个真实的例子。这个例子的主角叫郭施亮，系知名商业作家，财经评论员，也是我的好友。

在百度输入郭施亮的名字，即可查到他的大量公开信息。他是财经评论员、财经专栏作者，权威学术性刊物特约撰稿人，被评为"2013搜狐最佳行业自媒体人"，其文章评论多见于《国际金融报》《广州日报》《信息时报》《中国证券报》《第一财经日报》《京华时报》《经济参考报》《上海证券报》《证券时报》《现代快报》《西安晚报》《都市快

报》《金陵晚报》《北京晚报》《重庆晨报》等 30 多家媒体，他也是多家电视台的财经评论员。

年轻帅气的郭施亮文质彬彬，曾经在某财经媒体做过记者。不过，更喜欢自由生活的他选择从媒体辞职，成为一名财经自媒体人。经过多年的努力，他不但定期给传统的报刊写专栏，还在电视台做评论，也给大型公司写调研报告，当然也会接商家品牌广告，以及写商业图书。在图书方面，仅在 2024 年，他就已经出版了《秒懂投资》《极简财富学》两本商业图书。据他透露，第三本商业图书正在紧锣密鼓地规划之中。

因为专业能力较强，郭施亮的商业变现方式较多。这些年，他的月收入早就已经过万（具体金额不便透露）。不过，郭施亮也说，作为自媒体人，表面看起来很光鲜，其实还是挺辛苦的，要花费大量时间学习专业知识和进行写作，平时几乎没有休息日。另外，为了确保自己的知识不与时代脱节，必须随时处于学习状态，而不断涌入的竞争者及平台政策变化，也会给他带来流量焦虑症。

郭施亮只是商业写作变现的一个草根代表人物。如今，在自媒体领域，像他这样做得比较成功的人，取得更大成绩的人，还有很多。

当然，必须指出的是，郭施亮的成功是日复一日、长期耕耘的结果，如果一个人"三天打鱼，两天晒网"，就算再有才华，要想得到丰厚的回报，肯定是不现实的。

二、走出第一步，到底难在何处

既然很多写作者都想在商业写作领域里逐梦，但为什么迟迟走不出第一步呢？经过多年来对大量传统作家和上千名写作者的跟踪采访和深入交流，我总结了五大原因，看看你属于哪一类？

第一，自信心不足。很多写作者本身具备一定的写作功底和写作经验，甚至已经在传统媒体上发表过作品，或出版过图书。但这些作品属于文学类或专业技术类，没有太多的商业属性。真正要转型到商业写作，无论是写作风格，还是内容架构，都要进行大幅调整。另外，一些写作者已经形成了自己的写作风格和思维习惯，改变起来并不容易，一旦尝试失败之后，就会感觉心里没底，觉得自己不是这块料，并陷入自我怀疑的困境。

第二，尚未做好准备。虽然商业写作变现并不是什么高大上的东西，但基本的写作能力是必备的基础。很多人看到别人通过写作赚到钱了，总是想当然地认为："哼，就这个水平，我也能写，而且绝对比他写得好！"但当他们真正开写时才猛然发现事情似乎没有想象的那么简单，脑海里面明明装了那么多东西，可就是写不出来。

其实，这种情况很好理解，所谓"知易行难"，有些东西你看到了，但不代表你能做好。这些年，我被一些机构邀请去讲课时，会在课堂上给学员布置一些小作业，比如撰写一篇千字文。按说，对于上过大学的人来说，这个作业没啥难度，但每次到了截稿时间，交稿的人不到一半。说到底，还是写作能力不够。

人与人之间的最大区别在于各自擅长的能力不同。比如，有的人演讲很厉害、很煽情，而有的人唱歌很棒，另外一些人则特别能写。正是诸如此类的不同才构成了这个多姿多彩的世界。从现实角度出发，商业写作要想获得成功，一定的写作能力是必不可少的。

第三，找不到适合的方向。有的人能写的题材和方向挺多，但属于样样懂点，却没有一样精通的尴尬情况。对于商业写作来说，写作风格和方向必须调整为以市场和读者需求为中心，这对大多数写作者来说，前期可能很难适应，甚至有些痛苦。

我认识的一位作者，会写古体诗，也会作词，还能画漫画和写广告文案，但就是没有一个特别突出的方向。另外，他对于要围绕读者的需求来写作存在心理障碍，感觉有些不爽，总觉得自己想写什么就写什么，至于读者怎么想，那是别人的事情。基于种种原因，导致他的商业写作变现计划一再搁浅，至今仍在迷茫之中。

第四，没有商业思维。商业写作变现的一大难点，是必须有一定的商业思维。然而，令人尴尬的是，如今能写和愿意写的人很多，但有商业思维的人很少。

事实上，商业思维并不是要求我们成为无比精明的商业奇才，既无可能，也无必要。但最起码你得掌握一些关于商业社会的底层逻辑，懂得一些基础知识。比如，作为商业写作者，你必须想清楚几个方面的问题：自己的内容价值在哪里，能够给读者带去什么，别人凭什么付费，定价多少更适合，如何不花钱或少花钱让自己的内容得到更多曝光……

第五，对自己不够狠。大家有没有发现，很多人是说得多、做得少。遇到一点困难，就会找各种借口进行辩解。说到底，就是对自己不够狠，太容易放过自己！

我的微信群里有一位女性粉丝，一直想写一本有关商业的书。对于这个想法，我一直大力支持，也和她讨论过多次，并提供了一些专业建议，包括如何设定写作方向、如何设置目录、如何写样章和寻找出版资源等。

这位粉丝的态度很好，每次都答应说保证完成任务，结果时间过去了差不多一年，我连100个字都没看到。而她给我的解释也是五花八门：要么是孩子最近闹肚子，要么是自己太忙，要么是和婆婆的关系不好，影响自己写作了。看到这些理由，我觉得又气又好笑！

试想一下，一个人真正想干成一件事，不是该主动自发创造条件，努力想办法去认真完成吗？难道还需要别人经常督促？

三、月入过万不是梦，新人应该怎么做

既然月入过万不是梦，走不出第一步的原因找到了，接下来，作为写作新人，应该怎么做呢？

根据我的实践经验，结合一些成功者的做法，要想实现爆文创富，如下几个步骤必不可少。

第一步：对自己有一个清晰认识。大千世界，气象万千。正是因为每个人的情况不同，擅长的本领不同，这个世界才如此丰富多彩。要想在爆文创富的路上行稳致远，你首先得对自己有一个清晰的认识，进行客观的评估，了解自己是否具备必要的基础条件。比如自己有无写作能力，有无特别擅长的写作方向，有无一定的商业思维，有无必要的创作时间等。

第二步：找到适合自己的变现路径。众所周知，每个人的性格特征、学识背景、擅长和爱好不同，选择变现的渠道和方式差别很大。比如，有的人颜值高、口才好，不擅长写作，做视频或直播带货更具优势；而有的人长相一般，口才也很普通，但知识渊博，写作功底扎实，写商业图书或进行商单变现则更容易成功。

赛道不同，玩法不同，变现的效果也会千差万别。总之，一定要客观评估自己的优缺点，不能见别人做得好、做火了，就盲目跟风，找到适合自己的变现路径才是王道。

第三步：持续学习和提升。经济发展形势错综复杂，对一些人来说，日子实在难过，但对另外一些人来说，也可能是最好的时机。因为只要你有想法，有才华，敢想肯干，就有可能成为一匹商业黑马。但是，我们必须认识到，在21世纪的今天，伴随着5G、人工智能等高科技的快速发展，这个社会的发展逻辑也出现了巨大变化，新的时代也对每个人提出了更高的要求。

过去，有句话叫"一招鲜，吃遍天"。意思是一个人拥有某种特长，即可很好地谋生，甚至一辈子都可以过得很滋润。如今，这个说法已经过时了。在生活和工作节奏极快的今天，一个人要想取得更大的成功，必须综合能力极强。尤其是对商业写作变现来说，除了会写，如果你还会拍摄、剪辑、直播，那么取得成功的概率就会比别人更高。基于此，对写作者来说，持续学习提升是必须的，切不可躺在过去的功劳簿上睡大觉。

第四节　心态决定结果

最近几年来，我发现一个有趣的现象：身边不断有写作者冒出来，过一阵子，这些人又默默退出写作行业。究其原因，并非能力不够，而是写作者承受的压力太大，也没有进行很好的调整。

在写作的道路上，心态极其重要。你以什么样的心态对待写作这件事，就会得到相应的回报，甚至可以说，心态决定结果。当然，每一位写作者都会承受很多压力，关键是要懂得及时进行调整和解决。

一、写作者需要承受哪些压力

多年前，我还在贵阳时，认识了一位诗人。实话实说，他的诗写得不错，不仅是我这样认为，一些有名望的文学界前辈对他的作品评价也很高。

2024年7月，我去贵阳出差时，这位朋友请我吃饭，一聊才知道，他早就没写诗了。问及为何不再写诗，他的回答是，写了那么多年，从来没拿过什么有分量的奖项，也赚不到什么钱，经常和家人闹矛盾，于是干脆选择放弃了。

事实上，类似这位诗人的情况在写作行业比较普遍。写作本身是一件孤独的事情，如果没有足够的热情、适当的激励，在心态方面容易出问题，很难坚持下来。写诗是这样，写商业爆文也是如此。

那么，写作者要承受哪些压力呢？从我的感受来说，这些压力来自如下几个方面。

第一，创作压力。对于写作者来说，最怕没有灵感，呆坐半天却写不出一个字来的那种感觉是非常无助和令人痛苦的。毕竟灵感不是随时都有，这种不确定性会给写作者带来巨大的心理压力。而且，写作者也会随时担心无法满足读者的期待和客户的需求。此前，我在做自由撰稿人期间，经常会遇到没有东西可写或者写了几句自己都看不下去的情况，真是又急又慌，有时甚至有一种想砸掉电脑的冲动。

第二，时间压力。大多数情况下，写作者都会面临在规定时间内交稿的要求。除了自媒体写作外，传统媒体都有明确的截稿时间，如果答应的稿件到了时限交不出来，就会让编辑无稿可用，只能临时到处找稿子补空。这种情况一旦出现，你的个人信誉必将受损，今后再想合作就难上加难了。

我在报社工作期间，曾经做过一段时间的评论版编辑。针对当天的热点新闻事件，我会在新闻发生后，马上向一些有联系的专家约稿，并且规定晚上 8 点之前必须拿到稿件，因为稿件会在第二天见报，我必须留出编辑稿件、领导审核和排版的时间。有一次，一位专家答应了晚上 7 点之前可以给我稿件，但我苦等到晚上 9 点仍未拿到。无奈之下，主编决定临时换稿，并狠狠地将我批评了一顿。虽然这位专家后面把稿件发了过来，也解释了耽误时间的原因，但从此以后我不敢再跟其合作了。

第三，经济压力。客观来说，大多数写作者的收入都是不稳定的，不可避免地面临稿费低、稿费发放周期长、作品卖得差、无法带来更大的流量、点击率不高、创造不出多高的商业价值等现实问题，如果是全职写作，经济压力可想而知。尤其是在写作初期，如果没有其他收入，写作的稿费很难维持基本生活。此外，写作这件事，看似投入不大，只需一台电脑即可，但投入的时间成本是巨大的。可以说，经济压力大是很多人放弃写作或转型的主因之一。

以我做自由撰稿人的经验，因为每家刊物的出版周期和稿酬发放制度不同，有时可能连续几个月都没有收到稿费，连吃饭都成问题。最痛苦的时候，银行卡上只有十几元钱。

第四，社会压力。任何写作者的作品，无论通过哪一种方式公开发布出来，都会面对别人的审视和评价。莎士比亚说："一千个读者眼中就会有一千个哈姆雷特。"因此，每一件作品都会引来不同的看法。而部分写作者比较敏感，十分在意外界的评价，如果负面评价较多，写作者会感到沮丧和失落，进而产生较大的心理压力。

第五，竞争压力。如果说在传统写作方面，写作者也有一定的竞争压力的话，那么，在信息大爆炸时代，这种竞争会被成倍放大。原因其实很简单，面对海量的信息，读者会不自觉地用自己的方式进行筛选，只看那些自己感兴趣或对自己有用的内容。对写作者来说，除了写出好内容，想方设法争抢读者变得不可避免。而且，基于算法推荐和资源倾斜等方面的原因，处于头部位置的少数作者会吸走大量的流量，赚到不菲的收入，处于底部的写作者被关注度极低，变现较为困难。

二、优秀的写作者的心态

考虑到写作行业具有收入不稳定、周期长、创新性强等显著特点，要想成为一名优秀的写作者，至少应该具有以下几种心态。

1. 开放和包容

优秀的写作者应该对各种新知识、新工具，甚至是反对意见保持开放和包容的态度。唯有如此，才能拓展知识库，建立起自己的知识体系，为作品注入多元视角，让作品更加理性、客观和更具商业价值。

2. 坚持长期主义

文化产品与其他产品有着很大的不同，无论是生产、修改、宣传还是变现，都是一个持续投入时间和精力的过程。在此过程中，保持耐心和坚持是必要的。我在很多场合说过，要想在写作上收获社会效益和经济效益，通常是以年计算，必须坚持长期主义，几个月就想看到效果，可能有些不切实际。

3. 保持好奇心

每一位写作者都有自己的兴趣和擅长的方向，但对于有志于通过写作变现的人来说，这远远不够。为了创作出更具深度，更符合读者口味的好作品，你还得保持好奇心，不断地了解和探索陌生和未知的领域。在好奇心的驱使下，你的创造力会被激发出来，作品也会始终保持着新鲜感。

4. 理性和自信

保持理性和自信对于写作者的成长具有至关重要的作用。其中，保持理性，可以让写作者在策划选题时基于事实和逻辑进行判断，而非冲动和情绪化时做出的决定。而自信则可以让写作者产生强大的自驱力，即便遭遇瓶颈或被人打击，也让写作者产生一股强大的力量，告诉自己一定行，从而激发出坚持下去的勇气，不会轻言放弃。

需要强调一点，在写作的道路上，被人怀疑和打击是常有的事，关键看你能否顶得住！当然，能否顶得住，不能全靠自我鼓励，还需要想办法找对路子，早一点看到经济成效，你的信心就会更足。

三、遇到困难时如何调整心态

值得注意的是，无论是名人还是普通人，写作时遇到困难的情况是必然会发生的，本人也经常遇到这种情况。其实，遇到困难并不可怕，可怕的是不懂怎样去调整自己和战胜这个困难。从实战的角度出发，写作者可从四个方面来调整心态。

1. 直面困难，接纳自己

必须承认，做任何事情都会遇到困难，写作也不例外。事实上，人的一生就在不断"遇到困难，战胜困难，再遇到新困难，再战胜困难……"这种反复循环的过程中，个人也不断得到成长，并推动着社会发展和进步。

认识到这一点之后，我们就能坦然地直面困难，并接纳不完美的自己。由此，就会减少很多不必要的烦恼。

2. 劳逸结合，缓解压力

过去，写作被普遍认为是脑力劳动。不过，随着生活节奏的加快，如今写作也被视为一项体力劳动。这是因为写作需要长时间地坐着打字、修改和校对，没有强健的体魄是吃不消的。

在写作过程中，当压力过大时，可暂时放下写作，进行一些放松身心的活动。我喜欢在写万字长文或篇幅较长的图书时，抽空看看电影或约上好友去野外钓鱼，这些做法可以很好地缓解压力。

3. 选对方法，提升自信

很多时候，我们总觉得自己写出来的内容读起来很别扭，读者或客户也不满意，此时，自信心很容易受到影响。遇到这种情况，建议先停下来，从源头上找到问题所在，并想方设法解决问题。当找到对的方法，问题得到解决之后，我们会更有信心。如果不进行思考，只顾埋头写作，只会让问题越堆越多，甚至发展到严重怀疑自己的地步。

这些年，我遇到过太多这样的写作者。平时几乎不跟人接触，整天把自己锁在房间里闭门造车，写出来的东西与市场需求严重脱节，根本没人看。殊不知，老黄牛只顾埋头拉犁，不抬头看路，虽然很辛苦，但总是偏离正确的方向，不但没有得到农夫的嫩草嘉奖，反而要挨农夫的鞭子！

4. 放下面子，寻求帮助

有些人遇到不懂的问题或实际困难宁愿死扛，也不愿求人。事实上，遇到困难时，一方面需要树立信心、积极自助，另一方面，应该放下面子，大大方方地寻求其他人的帮助。

总而言之，对于写作来说，保持良好而积极的心态可谓至关重要。尤其是靠爆文创富，面对激烈的同行竞争，日趋挑剔的客户和读者，随处可见的负面评价，没有强大的心理和过人的写作水平，是很难吃到这碗饭的。

第五节　写作给普通人带来的九大好处

最近几年，经常有朋友、粉丝或读者在问，作为普通人，他们也想将自己的身份从读者变成作者，成为粉丝百万的自媒体人，或是出版自己的图书，成为商业写作者或商业作家，实现爆文创富的目标。但是，总感觉要实现这个梦想实在是太难了。

为什么大家都有这种无助感？其实很简单，作为新人，你就算满腹经纶、才华横溢，并且有使不完的劲，如果找不到作品发布的渠道和平台，缺少展示的舞台，不熟悉变现的方式，也是很难实现预期目标的。

事实上，我特别理解那些想通过爆文创富的新手。与大家一样，我也曾经遇到过诸多难题，也曾迷茫过。比如，不知道如何确定写作方向、如何写出符合市场要求的作品、如何取一个漂亮的标题、如何打动读者等，反正是一团乱麻，让人烦恼不已。

不过，也不必为此过于担心。在信息大爆炸时代，学习的途径和方法比较多，一方面，写作者可以花些时间去了解相关知识和商业规则，然后不断总结，逐步找到一条适合自己的路子；另一方面，也可以向身边的专家或在商业写作方面有所成就的人士请教，特别是要多研究优秀同行的爆文语言、结构及题材，以便少走弯路，节约宝贵的时间。

我们需要来深入了解一下写作到底可以给普通人带来哪些好处？

一、五大直接好处

写作这件事，很多人的理解不够深刻和全面，往往只看到一两个维度。事实上，写作给一个人带来的好处和积极影响是很多的，仅仅是显性的直接好处，起码有五个。

第一，提升知名度。如今，社会经济高度发达，人们的物质生活极度丰富，而写作能力强的人可以通过各种方式，利用自己创作出来的作品，提升自己的知名度，获得社会影响力，赢得更高的社会地位。有了知名度之后，与人打交道时，也会更容易受到别人的尊崇。

第二，传播知识和思想。写作能够将个人的知识、经验和思想以文字的形式记录下来，使这些信息能够跨越时间和空间的限制，成为人类共同的文化遗产，被学习和传承。绝大多数写作者都有自己的所思所想，对人生或所在行业有着独特的观察，或在某一方面具有丰富的知识积淀和行业经验，通过写作，能够把这些有价值的东西分享、传播给有需要的人，影响更多的人，甚至是子孙后代。

第三，助推事业发展。在职场中，写作能力被视为一项核心技能，不仅关乎文字的表达，还反映了一个人的思维能力、判断能力、办事能力及管理能力。写作能力强的人，通常能够在职场获得更多的表现机会，晋升的速度也会快于其他人，从而获得更多发展机遇，助推事业发展。

第四，留下精神财富。众所周知，财富可以分为精神财富和物质财富。一个能够写出有价值作品的人，可能在经济上并不富裕，但无论是对社会，还是对子孙后代，其作品带来的积极影响和标杆作用是不可估量的，尤其会留下可贵的精神财富。

第五，获得经济回报。当今时代是流量为王的时代，也是商业社会，自媒体的横空出世给普通人带来了展示的舞台和变现的机会。利用这个舞台，在合法合规的基础上，只要你的作品吸引人，有价值，即可获得经济回报，改善自己和家人的生活品质，真正做到才华致富。

二、四大间接好处

事实上，写作带来的好处除了直接好处，还有诸多间接性好处，至少有如下四个。

1. 变得更自信

一个优秀的写作者必须有大量阅读积累，广泛涉猎，才能具备深厚的人文素养。能够写出有影响力的作品，吸引大量读者和粉丝，可以让人变得更自信，视野更开阔，格局也更大。

2. 获得成就感

人生在世，无论学历高低，每个人或多或少都会读书，都有一个读者的身份，但不是每个人都有能力和机会成为作者。通过写作，能够帮助普通人获得非凡的成就感和自豪感，让平淡的人生变得更加有意义。因为写作是一种可以长久保存和传承的艺术形式，写出来的作品可以跨越时间和空间，能够被现在和未来的读者阅读和欣赏，让写作者获得满满的自豪感和成就感。

3. 结识新朋友

人具有社会性，需群居生活，一辈子要与各种人打交道。其中，一些人会成为一辈子的知己。通过写作，无论是加入社群，还是出版图书、参加线下活动，抑或是在线留言，写作者可以结识很多读者和粉丝，而他们之中的部分人会成为新朋友和好伙伴，在未来的生活中与写作者进行互动交流，给写作者带来更多快乐。

4. 拥有新名片

无论是身处职场，还是自己创业，都需要一张一直有吸引力的名片，让别人在第一时间就认识你，并产生信任和依赖。名片可以分成实体的和虚拟的。而写作就是一张别人认识和认可你的特殊名片。如今，打造个人 IP 成为热词，写作是塑造 IP 无往不利的利器。

事实上，写作给一个人带来的好处远不止以上这些，有些好处是短期看得见的，而更多的好处具有长尾效应，暂时可能看不见、摸不着。比如，长期写作的人思维更为敏捷，考虑问题更为全面，为人处事更加谦和等。对于普通人来说，应该想方设法激发写作动力，将这个好习惯一直坚持下去，并在脑海里树立起爆文思维，同时想尽一切办法去实现，因为这个习惯极有可能改变你的人生轨迹。

爆文创富小案例

金天是我的一位朋友和作者，毕业于北京大学，系中南财经政法大学数字经济研究院高级研究员，曾任某头部互联网科技机构研究总监，长期致力于金融科技、金融发展、数字经济等领域的研究工作，曾被《智慧中国》杂志评选为"中国产业研究青年学者百强"。

虽然金天不是职业作家，但他对写作这件事有着自己的独特理解，除了天资聪颖，他还特别勤奋，经过多年的努力，目前已在写作方面取得不小的成绩。他不仅是《零售银行》杂志的专栏作家，还著有《数字金融》等专业图书。

在繁忙的工作之余，金天也开设了个人微信公众号@浮世有清音。虽然自媒体写作与专业、严谨的研究报告、学术类图书差别很大，但他依然为此倾注了极大的热情，努力让每一篇文章都能给读者带来实际价值。

2023年年初，被派驻香港之后，金天利用空闲时间跑遍了香港的大街小巷，并撰写了大量反映香港人文风情的高质量文章，吸引了大批忠实拥趸。2024年8月9日，他在个人公众号上发布《香港到底有多富裕》一文，立即引发读者的追捧，阅读量达到3.7万，转发近600人次。

作为一位粉丝量并不多的普通作者，这篇短文之所以能够爆火，主要原因有三点。

第一，专业能力得到充分展现。作为经济和金融专家，金天学术功底深厚，特别擅长创作专业性内容。事实上，这篇文章的字数不多，但他加入了多张图表，用几组权威数据生动呈现出香港的经济发展水平和富裕程度。

第二，满足了读者的好奇心。在读者看来，香港是闻名全球的金融中心之一，但香港到底有多富裕，人们了解得并不多。作为金融专家，金天经常深入香港进行实地调查走访，用第一手资料写出来的文章更具可信度，极大地满足了读者的好奇心。

第三，提供了丰富的信息。前面我们提到，商业写作的一个重要特征，就是拥有较大的信息量，传递的知识或资讯较为丰富和多元。

《香港到底有多富裕》一文，目的是展示香港的经济发展水平，其中的几张图表也让读者更直观地了解了香港的经济情况。换句话说，一篇短文，为读者带来了大量有用的信息。

综上所述，正是金天对写作的理解够深且全面，长期认真研究市场和读者需求，才能够让一篇并不复杂的内容成为广受读者青睐的爆款作品。

第二章
变现：写作变现的五个关键点

对于绝大多数写作者而言，除了抒发感情、提升自我、传播知识，还望通过写出受人欢迎的爆文，变现赚钱，让自己的才华获得更多的经济回报。然而，一个尴尬的现实是，很多写作者只知道埋头写作，对于有关变现的知识和技巧知之甚少，导致变现效果不佳。事实上，写作变现并不神秘。特别是自媒体的强势崛起为普通人带来了更多机会。而其中的核心在于：你必须了解自己的目标读者、努力写出有价值的内容、坚持训练、熟悉主要变现渠道和懂得内容营销的密码。

第一节　了解你的目标读者

众所周知，任何生意都得想办法找到精准客户，才能让生意具备可持续性，实现经济利益的最大化。

对于商业写作来说，了解和熟悉目标读者是实现变现目标的关键之一。

那么，到底什么是目标读者，目标读者在哪里，应该如何寻找呢？本节内容，我们来进行深入剖析。

一、何为目标读者

所谓目标读者，是指报刊、书籍或其他内容的创作者所选定的主要阅读对象。简单来说，目标读者就是作者在创作任何形式的作品时希望吸引并能够与之产生共鸣的特定读者群体。

对于写作者来说，确定目标读者至关重要，因为它直接影响到内容的定位、风格及传播策略。

例如，如果一位作者是物流专家，想撰写一本关于物流运营发展方面的书籍，那么，作者就得将与物流行业相关的监管者、从业者和研究者设定为目标读者。作者在写作时，必须考虑到目标读者群的专业背景、兴趣和痛点，尽量做到有的放矢，无论是讨论存在的问题，还是提出建议，都应该言之有物，才能激发目标读者的兴趣并让其愿意为其作品买单。

当然，与目标读者相对应，还有一类读者叫作潜在读者，也是写作者应该努力争取的对象。这类读者主要是那些可能对特定内容感兴趣，但还未实际接触或阅读到内容的群体。比如前面提到的物流图书，对该行业感兴趣的爱好者，如果在实体书上市之后恰好翻到，或者身边有人推荐，在翻看几页之后，觉得很有价值，那么就可能成为正式读者。

二、如何深入了解目标读者

在多年的创作生涯中，我有一个很深的感触：如果不了解目标读者，闭门造车的结果基本是自嗨，不会产生太大的回响。写作者不妨扪心自问：你真的了解读者吗？

说得直白一点，作为写作者，深入了解目标读者是内容创作取得成功的关键一步。那么，我们应该怎么做，才能对目标读者有一个全面、精准的了解呢？根据多年的实际工作经验，现提供几个实操建议，供读者朋友参考。

1. 分析目标读者

在正式创作之前，最好对你的目标读者进行一个初步分析，包括他们的年龄、性别、地理位置、职业、收入水平、兴趣等基本信息，然后根据这些信息大致推断出他们的价值观、生活方式及消费偏好。其实，这些基础信息不难了解到，通过很多自媒体平台的后台都可以很直观地查阅到，只不过不少写作者并未重视这些信息。

2. 研究数据

依托现有的互联网工具，你可以分析现有的用户数据，如用户访问量、用户行为、购买历史等，从而对用户的喜好及付费意愿、付费能力有一个大致了解。当然，也可以通过用户评论、与用户互动、建立社群等多种形式了解目标读者的需求。

3. 观察用户行为

观察目标读者在社群、论坛、自媒体等平台上参与讨论的话题，以及提出的问题，也能够对目标读者的想法有更深入的了解。当然，除了监测与记录用户行为外，收集关键数据，学会运用数据分析工具，深刻解读用户行为，判断潜在的机会，并随时调整内容，优化用户体验，提高转化率也是比较重要的。

4. 换位思考

其实，每一位写作者都有多重身份。当你创作出作品，希望读者阅读，并接受读者的评价时，你是作者身份；而当你阅读别人的作品时，又转换成读者身份。所谓换位思考，就是要随时站在读者的视角认真审视自己创作的内容，会不会引起别人的兴趣，解决他们的痛点和难点问题。处处做一个有心人，才能创作出更符合目标读者需求的内容。

5. 邀请用户测试

主动邀请目标读者参与内容测试，收集他们的反馈和建议，是很多写作高手常用的做法。通过用户测试，你可以了解目标读者对内容的真实看法，并据此进行调整和优化。

最近几年，我经常在微信朋友圈或微信群发出邀请，请网友对我策划的新书封面或书名提建议。对于建议被采纳者，我会赠送一些小礼品，如自己签名的书。

6. 关注行业趋势

作者是内容创作者，一定要随时跟踪行业趋势和关注社会新闻，了解目标读者的需求和兴趣变化，以便预测目标读者的未来需求，并提前做好准备。对于商业写作来说，目前的热门选题有互联网、科技、金融、健康、社会热点、国际时政、教育等，这些领域通常有较高的关注度和讨论度，能够吸引更多的读者。另外，过去较为小众的宠物行业市场规模日渐扩大，关于养猫、养狗等方面的实用性内容受到欢迎，其中蕴藏着不少写作方面的商业机会。

7. 创作适合的内容

何为适合？意思是说，写作者要根据目标读者的年龄、兴趣、性别、爱好等特征，创作出适销对路的内容。比如，我在创作少儿财商书籍时，就会根据3岁到9岁这个年龄段的特点调整文风，尽量用通俗和生动的语言，采取讲故事的方式，将知识点融入故事之中，寓教于乐。如果不了解孩子，写出来的东西，小读者可能完全看不懂。

8. 持续改进

与文学创作不同，写作变现的服务对象主要是企业主或有商业需求的人，而商业领域变化极快，竞争性较强，写作者只有懂得定期回顾和分析目标读者数据，随时了解他们的需求和兴趣是否发生变化，并根据读者反馈和市场变化情况，持续改进自己的内容、形式和营销策略，才能满足目标读者的实际需求。如果故步自封，不但写不出爆文，还容易被不断变化的市场无情淘汰。

三、找准目标读者有哪些好处

可能有人会问：有必要花精力去研究目标读者，甚至还要听取读者建议吗？自己想写什么就写什么岂不是更爽？

其实，几年前我也持这个观点。但后来慢慢发现，多与目标读者互动绝对是一件益处多多的好事，可以为我们带来实实在在的帮助。2018年上半年，我写了一篇情感分析文章，发表在个人的自媒体账号（该账号已注销）上。文章发表两个小时后，阅读量不过300多。这时，一位经常看我内容的老粉丝留言，指出我的一个观点不对，还给我想出了一个新标题。根据这位粉丝的反馈，我修正了观点，还重新修改了标题，24小时的阅读量超过5万+。可以说，这位读者的建议帮了我大忙。

从我的实践经验来看，找准目标读者对于商业内容的创作具有重要意义，至少有如下几个好处。

1. 创作方向更精准

在第一章第三节，我们分析过，很多人迟迟走不出第一步，其中一个原因就是找不到适合的方向。一旦了解目标读者的偏好和需求，就可以帮助写作者确立创作方向，在内容、情节、人物和主题等方面能够做到有的放矢，也更容易得到目标读者的积极反应。

2. 更符合读者需求

众所周知，厂商投放广告，最希望每一分钱都能发挥出最大效果，如果投入1元广告费，能获得100元，甚至更多的销售额，自然最好不过。作为商业写作者，虽然我们不需要投入资金，但投入大量的写作时间和积累多年的知识，也是有成本的，肯定希望自己的作品能被更多读者所看到并给予好评。而我们对目标读者了解越多，就越容易创作出满足读者需求的作品，增加作品的吸引力。

3. 精准营销

无论是一篇商业作品，还是商业图书，找准了目标读者之后，我们需要结合自身资源进行精准营销，从而提高曝光度，达到精准营销的目的。当然，营销的方法和形式有很多，如果是平面宣传，可使用一些名人金句，亲测效果很不错。

4. 形成正向循环

我们做任何事都希望每个环节都能够顺利发挥效果，一环扣一环，累积叠加带来的正面效果自然是最大的。反之，则会造成负面效果，离目标相去甚远。而找准目标读者并积极听取读者的反馈，可以帮助创作者在后续创作中进行调整优化，形成正向循环，使作品更加贴近市场和读者的需求，变现效果也会越来越好。

5. 避免盲目创作

这些年，很多写作者经常向我抱怨，说自己写了不少文章，到处投稿，但是要么被人无情拒绝，要么石沉大海。造成这种状况的一个关键原因，就是作者不清楚自己的目标读者在哪里，读者喜欢看什么内容，写的都是自己喜欢的东西。这种作品就算文笔再好，也难以在竞争激烈的内容市场中找到立足点。而明确目标读者群可以避免盲目和低效创作，为创作者提供清晰的航向，同时节省出大量时间，可将其用于其他有价值的事情。

综上所述，找准目标读者并多互动是商业写作乃至爆文创富的重要一步，它不仅关乎作品的精准表达，更关乎作品的吸引力和变现效果。

第二节 写出有价值的内容

这些年，我与身边的不少写作者交流时发现，大部分人都表达出想"让写作的副业收入轻松超过工资"的愿望。

如今，在本职工作之外，做一些兼职项目赚钱，也就说俗称的"斜杠收入"，已经成为一股社会热潮。从我所了解的情况来看，不少"斜杠青年"或"斜杠中年"把写作这项副业玩得风生水起。比如，一位来自广西的女性博主，其在业余时间撰写付费专栏内容。她向我透露，这几年，仅在百家号平台，她就获得收益 30 多万元。

不过，需要提醒的是，写作作为副业，要想超过工资收入，除了必要的宣传推广，搞懂读者和客户需求之外，创作出不可替代且有价值的内容始终是爆火的关键。那么，写作者应该怎么做才能达到这一目标呢？根据我的长期实践和对同行的观察，至少要做到如下几点。

一、让内容具有不可替代性

什么意思？其实很好理解，就是你创作的商业内容，质量要够好，能够满足目标读者群或客户的现实需求，真正帮助别人解决一些实际问题。与文学作品不同，商业作品的实用性和稀缺性是最为关键的，因此，想方设法让自己的内容具有不可替代性，是实现爆文创富的法宝。反之，如果你的作品只是无病呻吟，或者自嗨，读者根本不会买单。

那么，应该怎么做呢？我认为需要从三方面着手。

一是不断学习精进，将自己打造成为一两个行业的权威专家，自己提供的内容具有较强的权威性、专业性、实用性、可靠性和不可替代性。比如，权威性就要确保内容基于可靠的数据和研究，言之有物，不能无中生有，更不能胡说。而可靠性就要减少主观臆断，确保信息准确无误，让你的内容极具参考价值。

二是积极扩大知识库，以便能够满足不同客户的需求，从而提供更加多样化的内容和服务。因为不同的读者和客户有不同的需求和兴趣点，拥有广泛和多元的知识储备可以更好地满足这些需求。以本人为例，我的付费专栏不但讲解了很多写作技巧，也传授了很多实用的图书出版知识，加上自己多次创业，拥有丰富的创业经验，因此，我的专栏内容涉及写作、出版、创业、财商等多个细分领域，能够满足多种人群的现实需要。

三是保持对新生事物的敏感度，千万不要故步自封。有句老话叫作"活到老，学到老"，可谓极为精辟。一些人自恃是行业专家，有了一定的积累和影响力后，就停止学习，躺在过去的功劳簿上睡大觉。需要指出的是，在信息大爆炸时代，知识的更新速度极快，如果做不到持续学习，说不定几个月之后，你掌握的知识就已经过时了，再也无法给别人提供有价值的内容。而保持对新生事物的关注，写作者可以培养对外界的敏感度，从日常生活中随时发现新的写作素材和选题，创作出更具深度和广度的优质作品，进一步提升作品的商业价值。

二、用心真诚创作

所谓用心真诚创作，主要指我们在写作时，除了运用到专业知识，还要投入真情实感。就算我们写作的目的之一是为了变现，但变现绝对不是唯一的目的，让读者感受到你的真诚也是很重要的。我经常说，一篇好的内容，作者写得很顺畅，酣畅淋漓，读者读起来也很畅快和愉悦。反之，如果作者写得磕磕绊绊，很不顺利，读者在阅读时也会觉得晦涩难懂或不够流畅，体验感较差。换句话说，你是否用心创作，读者通过语句字词，甚至是标点符号都能感受到，那种神奇的感觉骗不了人。

我的一个粉丝喜欢发一些他的作品请我点评。有一次，我简单扫了几眼之后告诉他："你心情不好，写出来的内容读起来很痛苦，建议暂缓发布！"

他大吃一惊，问我咋就知道他心情不好？

其实，并不是我有多高明，而是在 20 多年的创作生涯中对人生的悲欢离合和生活中的酸甜苦辣体会很深。而他在文章中提到自己时多次使用了忧伤、郁闷、失望等词语，而且低级错误较多，文章的质量可想而知。

三、激发客户的付费意愿

我曾经多次谈到，作为商业写作者，必须抓住并解决读者和客户的痛点问题。但在解决痛点问题之后，如何激发客户的付费意愿可以说是最为重要的一环。从现实情况来看，做到这一点并不容易。有时，写作者因为判断不准，提供的解决办法或建议没有击中客户的痛点，没有实质性收获，客户的付费意愿自然不会太高。

举个例子，如果你的客户是纯文学作者群体，这个群体普遍写作能力很强，写作水平相对较高，但文学作品又普遍很难变现。由于这个群体对于商业变现的渠道和方法知之甚少，因此该群体的最大需求和痛点是如何充分利用自己的写作能力变现赚钱。

如果你提供的内容不是关于写作变现的技巧和经验，而是教别人如何遣词造句，提升写作能力，相当于用自己的爱好去挑战别人的专业，"关公门前耍大刀"，并未抓住别人的痛点，读者自然不愿意付费。

换句话说，只有准确了解和满足客户的真正需求，才能写出更多的爆文，并激发客户主动付费的愿意。当然，要做到这一点，策划和创作出色的作品是重中之重。

四、了解目标客户的付费能力

根据我的了解，很多写作者，尤其是搞纯文学创作的人，很注重面子，往往一副清高的模样，总觉得自己才华横溢，如果是利用写作赚钱，觉得有点不好意思，虽然他们的内心其实渴望赚钱。

我始终认为，在遵守法律法规和尊重公序良俗的基础之上，利用自己的写作能力变现赚钱，是一件很正常，也很让人自豪的事情。既然是商业写作，大可不必避讳变现赚钱这一话题。搞懂了这一点，你就得了解目标客户的付费能力。这就涉及产品定价。

众所周知，产品的定价是一件比较复杂的事情，到底是低端、中端还是高端，与生产者的品牌影响力、知名度、质量和稀缺性等多种因素密切相关。

举个例子，同样都是包包，为什么绝大多数价格都在几十元到几百元，而 LV（路易威登）要五六千，甚至几万元一个？这是因为，LV 自成立以来，以其精湛的工艺、高品质的材料和独特的设计风格，以及闻名全球的知名度，拥有 LV 的包包是很多女性的愿望。

同样的道理，如果你在业界的名气和影响力够大，输出的内容质量够高，你创作的商业内容定价也可以走高端路线。反之，则可以考虑定价低一些。

比如，我认识的一位著名作家，曾经获得过不少国家级大奖，他给客户定制创作的文章，稿费基本是每字 3~5 元。一本 20 万字的纪实小说，他收取的稿费可超过 50 万元。

值得注意的是，你的产品定价还要考虑客户的付费能力。通常来说，机构客户的付费能力要远高于个人。如果你创作的商业内容针对的客户是机构，定价高一些是没问题的；如果付钱的对象是个人，建议降低价格，以提升客户的接受度。

在定价问题上，其实薄利多销的商业法则至今依然被广泛采用，至于采取哪种定价策略，每个写作者可以结合自身情况来设计。比如，你的一款商业付费产品，定价 5000 元，因为价格偏高，购买的人只有 5 人，总共收入是 2.5 万元；如果定价 200 元，但购买的人达到 500 人，总收入就变成 10 万元。同样的产品，低定价带来的收入却是高定价的 4 倍。

谈到客户付费的问题，你还要清楚自己的作品是面向大众市场还是小众群体。通常来说，大众市场意味着受众更多，覆盖的读者群规模更大，但面对的竞争更为激烈；而小众群体虽然目标读者的人数少，可能忠诚度和付费意愿反而更高。此外，写作者还要了解读者的阅读偏好、消费习惯和支付能力。比如，要分析清楚自己的目标消费者是冲动消费型的还是理性消费型的。

　　基于此，在商业作品的定价方面，建议写作者结合自身情况、读者的支付意愿和支付能力进行综合考量，以便获得更好的经济回报，从而实现副业收入超过工资的目标。

第三节 坚持持久训练

最近几年，在一些自媒体平台和问答社区，关于需要坚持写作多久才能见到成效的讨论有很多。而在现实生活中，向我咨询过类似问题的写作者也是不计其数。

为什么写作者对于时间问题如此重视？很简单，因为坚持是世界上最难的事情之一，之所以人们的很多目标无法实现，根本原因就在于 99% 的人吃不了坚持的苦。

众所周知，写作是一个需要持续投入和不断积累的过程，至于"到底坚持多久才能有效果"的问题，实际上并没有一个固定的答案，因为效果多久出现，以及效果是否达到预期，受多种因素的影响，包括个人的写作天赋、努力程度、写作的方法及写作的目标大小等。有人说，不要问多久有结果，先写出 30 万字的内容再说。也有人说，先坚持一年，日更 3000 字再说。诸如此类的观点，很难说哪个更有道理，毕竟每个人的实际情况不一样。

一、写作的见效时间为何无法预测

在我看来，无论是 30 万字还是一年日更 3000 字，有一个量化的指标固然更好，但从实践情况来看，这种具体的字数和时间更多是调侃，没有太大的实际意义。这是因为写作这件事有些特殊，到底多久才能见到成效，或者说要写多久才能写出爆文，任何人都无法给出精准的答案。原因有如下几点。

第一，个人天赋存在差异。关于天赋，我们在第一章第二节专门讨论过。一个人如果有天赋，成长会非常快速并容易获得较大的回报。极少数人天生就具有较好的文字表达能力，他们可能在较短时间内，比如几个月之内就能看到明显的进步。但对于大多数没有天赋的人来说，只能用更多的时间和大量的努力来提升自己的写作水平。

第二，努力程度不同。要想成事，人人都知道必须付出必要的努力。但是，为什么看起来都很努力，智力水平差不多的两个人，得到的回报和看到的效果却大相径庭呢？

这是因为很多人只是看起来很努力，其实并未用心或者说努力的方向不对。如果你只是机械地重复写作，而不了解目标读者的需求，也不思考如何改进和提升，那么即使坚持了几年，效果也可能并不明显。

第三，写作方法各有路数。大家应该有过类似的感受：全班四五十个人，其中有一两个同学，无论是体育比赛、社团活动、演讲大赛等，到处都能看到他们的影子。他们也没有天天抱着书本学习，但人家考试就是轻松拿下前两名。其实，这些同学的智商并没有比你高多少，但他们的秘诀就在于有一套行之有效的学习方法。

对于写作来说，也是一样的道理。除了勤学苦练，如果你还是一个勤于思考、善于观察的人，你的写作自然要比其他人更快见到效果。比如，在我为数不多的徒弟中，时不时主动和我讨论写作技巧、喜欢总结经验、懂得举一反三的人，其写作水平的提升要明显快于一直被动等待的人。

第四，写作目标有大小。每个人的心态、起点和想法不同，设定写作的目标肯定是有大有小，而不同的写作目标需要不同的时间和努力来实现。如果你的目标只是写出一个不错的中篇小说，按照3万字至10万字的篇幅，用6个月的时间来构思、写作和修改打磨，通常情况下是能够完成的。但是，如果你的目标是成为一名商业作家，在3年内要创作出版至少两本书，可能就需要数年的时间不断积累经验和提高写作水平，以及熟悉商业写作的相关知识了。

二、分解目标，让实现目标的时间变短

有人肯定会说，既然没人能精准预测多久才能让写作这件事见到成效或写出爆文，岂不是只能埋头苦干？能否写出名堂，只能完全交给虚无缥缈的运气吗？

并不是！事实上，成功是有方法的，而这个方法，就是学会分解目标。

所谓分解目标，就是通过科学合理地将写作任务分解为若干个小目标，便于更清晰地规划写作过程，减少迷茫和拖延，提高写作效率，缩短见效的时间。具体做法有如下五个步骤。

1. 确定总目标

在商业写作的前期，建议不要设立太高的目标。如果目标太高，怎么努力都达不到，就成为一种奢望和空想，很容易打击人的积极性和自信心。

科学、正确的做法是确定一个写作的总目标，这个目标必须结合自身实际情况，尽量设置合理，不要好高骛远。比如，你是一个写作爱好者，之前没有任何公开发表文章的记录，那么，你可以把目标设定为在 6 个月内，在地市级及以上报刊上公开发表两篇文章；如果你是有一定创作基础且取得一定成绩的写作者，则可以适当提高目标，例如在 3 个月内，在省级以上报刊上发表三篇文章，或者在百万级粉丝且对外收稿的公众号上发表 3 篇文章，或者在一年内撰写一本市场图书。

2. 认真评估目标

总目标确立之后，就要对目标任务进行深入分析，了解任务的结构和组成部分，以及如何创造条件去实现目标。比如，某手机厂商的新产品上市，客户要求你在 5 天之内撰写 3 篇角度不同、字数在 3000 字左右的广告软文。这个任务对于老手来说没什么难度，但对于新手来说难度其实不小。此时，你就需要认真思考每一篇文章如何布局，大概用几个小标题，每篇文章侧重写哪些功能，3 篇文章从哪些角度进行论述。对这些内容进行思考和评估之后，正式开写时就不至于乱作一团，或者出现很多重复的内容。

3. 拆分目标

接下来就是把总目标分拆成多个小目标。好比造一架构造复杂的大飞机，需要不同的厂家进行协作生产，不同的厂家生产不同的部位和零件，然后再进行总装。虽然写作变现的复杂程度远远没有制造大飞机这么高，但原理是一样的。

继续以前面的手机广告软文为例。在 5 天的时间内，要完成 3 篇商业文章，如果懂得拆分目标，则可以让工作变得更高效。比如，第一天做什么，第二天和第三天做什么，第四和第五天做什么，最好要有具体的计划，就算这个计划不写出来，也要做到心里有数。写作计划最大的作用就是规范你的创作行为，让你不会跑偏。

4. 设定时间表

设定时间表，就会涉及执行是否有效的问题。比如，在前述例子中，第一天，以收集写作资料为主。先熟悉该手机厂家的发展历史，曾经生产过哪些在市场上受人追捧的明星产品，公司的产品特点有哪些，此次上市的新手机与以往产品及竞品相比有哪些亮点。第二天，上午对3篇文章的侧重点进行初步布局，下午开始尝试写作第一篇，找找感觉。如果感觉不对，马上进行调整。第三天和第四天，根据之前收集的大量资料，把3篇文章全部写完。第五天，用一天时间，从信息的准确度、语言的美观度、结构的合理性等多个方面对3篇文章进行打磨修改，力求达到甚至超过客户的要求和预期。

如果对写作时间安排没有规划，干多少就算多少，最后的结果通常是前面几天不慌不忙，临近交稿时才发现离任务差得太远，于是紧赶慢赶，也就顾不上质量如何了。

5. 及时调整计划

有句说得好："计划不如变化快"。在实际写作过程中，自然会遇到各种意想不到的突发情况。因此，我们就要根据实际情况及时调整计划，确保总目标能够按时完成。需要提醒的是，写作计划一旦制定，不到万不得已，不得随意更改，更不能给自己找借口，否则，你永远无法做成一件事情。

通以上几个步骤，我们可以将看似艰难的写作总目标分解为若干个可管理、更易实现的小目标,从而更加高效地完成写作任务,让写作见效的时间变短。至于到底要写几个月还是几年才能见到成效这种问题,个人认为毫无意义,不值得浪费时间去考虑太多。

三、实战案例:一位新人的做法

我的一位粉丝姓刘,是一家公司的内刊编辑。当他还是商业写作的新人时,多次找我交流,说自己多少有点写作功底,特别羡慕依靠写作赚钱的人,希望我能帮帮他。

经过深入了解和沟通,我和刘先生的关系处得不错,为了满足他的愿望,我给他制订了一个写作计划,并督促其严格执行。该计划共分成五步。

第一步:确定一个主攻方向。刘先生在大学读的专业是心理学,虽然专职工作是负责公司的内刊编辑,但工作较为清闲,工作之余,他比较关心人际关系、情感婚姻方面的知识。结合他的兴趣和擅长点,我给他拟定的主攻方向为情感分析。

第二步:制订写作计划。刘先生希望用一年时间写出至少100篇有一定深度的文章,兼职写作的收入达到一万元。这个目标看起来似乎不高,但对于新人来说,要想实现并不容易。为此,我先让刘先生在几家主流自媒体平台注册个人账号。然后,每3天更新一篇3000字的文章,并且无论遇到什么意外情况,都不能断更。为了确保更新频率不被打乱,让他多写一篇稿子,防止在没有时间写作时依然有作品按时发布。

第三步:解决选题焦虑问题。最开始,刘先生觉得3天写一篇文章实在没什么难度。但不到一个月，他找到我，抱怨说找不到选题可写了。其实，这种情况很常见，每个写作者都会遇到。为此，我建议他建立一个选题库，平时多从身边的亲朋好友和日常生活中寻找选题。另外，从写作范围来看，既然是情感分析，那么不仅是爱情，亲情、友情、乡情、同学情等都可以纳入写作范围。这样一来，刘先生的选题焦虑也得到了很好地解决。

第四步：熬过疲软期。第一个月，满怀激情的刘先生写出来的文章质量较高，可读性也强。但随着时间推移，加上涨粉速度很慢，收入一天只有几毛或几元，刘先生的写作在第3个月开始进入疲软期。此时，他刚好痛风复发，疼痛难忍，写作的动力一下子降到冰点，他多次表达出停止写作的想法。

我告诉他：一件事坚持10天很容易，坚持一辈子很难，但不妨先坚持3年看看。幸运的是，他咬牙坚持了下来，顺利熬过了疲软期。

第五步：收获远超预期。在自己的不懈努力和我的督促下，刘先生第一次进行年终盘点时，惊喜地发现不到1年时间自己写了125篇文章，一篇文章的阅读量达到百万级别，10万+的文章也有10多篇，还获得多个平台的月度大奖，写作的总收入达到4万多元，收获远超最初的预期目标。最为关键的是，经过这种训练，刘先生的写作能力和响应速度明显得到提升。

从刘先生的这个案例可以看出，持续的训练和制订写作计划是极为重要的，希望广大的写作者都能从中得到一些感悟和借鉴。

第四节　变现渠道知多少

本节内容，我们重点来讲解写作变现及爆文创富的主要渠道。特别强调的是，有些渠道我一直在做，而且效果不错，比如写商业图书、写约稿等。借此机会，我索性一次性告诉大家，至于你能在写作变现的道路上走多远，只能由自己来回答了。目前，写作变现的主要渠道如下，建议收藏备查。

一、撰写出版商业图书

为什么我把商业图书看得如此重要？其实，原因很简单，因为商业图书除了赚钱，还有其他变现渠道所不具备的一大特点，就是具有权威性。

为什么这样说呢？主要是因为图书作为特殊的文化产品，需要经过严格审校，其专业性毋庸置疑。换句话说，就是能通过审批并获得书号的图书，整个过程正规严谨。而自媒体则相对空间较大，其权威性时常遭到质疑。

在一个万物皆可 IP 的时代，有无自己署名的图书，对能否成功打造个人 IP 有不小影响。

我想说的是，作为写作者，建议把撰写商业图书放在重要位置。事实上，要想让自己写的书更具价值，受到读者喜欢，你就要系统学习相关知识，在此过程中，你会得到快速成长。

之前，我经常在自己的自媒体上跟粉丝和读者说，一个人想写一本商业书，除了日积月累，起码还要阅读消化 50 本相关行业的图书。如今，很多人一年到头都没翻过一本书，为了写出一本好书，不是正好把不看书的毛病给解决了吗？

当然，我之所以极力推崇写作者要撰写并出版自己的商业图书，是因为这类图书还可以为你带来商业价值。对此，肯定有人要问：写文学图书不是也可以赚钱吗？

客观来说，文学图书当然可以变现，但一个残酷的现实是，对于名气不大的写作者或文学爱好者来说，想依靠写作文学书赚钱，可谓难如上青天。

作为图书策划人，这些年我接触了太多的传统作家和文学爱好者。其中，很多中国作家协会会员想出版自己的文学作品，出版社都不敢轻易接招。因为好的文学作品很少，出版社也得考虑作者的名气、书稿的质量和图书市场行情，所以普通人的文学作品出版的概率并不大。

你是不是觉得很不爽？但又能怎样？在市场经济时代，就得遵循市场规律！图书出版行业具有精神产品和物质产品的双重属性。如果一本文学作品出版上市后卖不了多少，出版社的出书动力自然不足。而在当前的市场环境下，非名家的文学图书，销量普遍不好。

需要指出的是，按照不同的划分标准，图书可分成很多种，如学术图书、文学图书等。从经济效益的角度出发，商业图书的变现效果明显好于其他品类。

二、投稿自媒体大号

过去，在传统媒体盛行的时代，一说到投稿，写作者的第一反应是给全国各地的报刊投稿，发表之后，即可赚到稿费。不过，时代已经变了，随着移动互联网和自媒体的迅猛发展，如今传统纸媒和文学刊物普遍生存困难，就算好不容易上刊，又能拿到多少稿费？一年又能发几篇文章？要知道，就算曾经辉煌一时，稿费可达千字千元的《知音》《家庭》等著名杂志，如今的日子也是大不如前。

那么，还有其他投稿渠道吗？当然有！向自媒体大号投稿。

一些粉丝数量庞大，由专业人士进行商业运营的自媒体大号，为了吸引和留存粉丝，确保内容质量，会不定期面向外部作者征集好稿，一旦选中，单篇稿费从50～500元不等，上千元一篇的也不少见。当然，这种竞争也是非常激烈的，能否拿到这个收入，就看你创作出来的作品是否适应市场和满足读者的需求了。

三、自建商业自媒体

和图书一样，自媒体也分很多种类。有的人做自媒体纯粹是为了好玩，或记录生活；有的人做自媒体，就是为了进行变现。如果是后者，最好是自建商业自媒体。

通常来说，有写作基础的人自建和运营商业自媒体其实更具优势。不过，需要提醒的是，在正式注册之前，写作者必须对账号的人设、定位、内容、变现路径等有周密规划，然后选择一个自己擅长并能够持续创作的方向，确保垂直度，千万不要随意变更发文方向，否则机器算法无法识别和给内容打标签，进而影响内容的推荐量和分发量。

当你的自媒体账号拥有一定的粉丝量之后，商家就会主动找你进行商业合作。目前，商业自媒体的收入来源分成几种，包括按照点击量、曝光量、转化率等指标进行付费，双方也可以谈一个固定价格。据公开报道，一些粉丝规模庞大的头部大 V 的广告报价，一条能够达到几十万元甚至上百万元，已经超过了曾经牛气冲天的传统媒体。

四、利用影响力变现

在市场经济时代，一个人的超强名气和影响力能够带来巨大的商业价值。变现的渠道可分成线上和线下两大板块。

对于线上来说，一旦你写的爆文多了，影响力建立起来了，粉丝达到一定规模，比如单个账号的真实粉丝超过 10 万人，可能就会有商家找你合作，而合作方式也是比较多的，如直播带货、定制内容等。

对于线下部分来说，包括受邀出席论坛、新品发布会、提供专业报告、做商业顾问等，通过这些活动都会获得金额不等的经济回报。

五、做网络写手或主播

如今，随着智能手机成为人们的必备品，在手机上看小说、听课已经成为风潮。由此，从事网络写作和网络主播的人数也在快速增长。根据《2023 中国网络文学发展研究报告》，2023 年，我国的网络写手已超过 2400 万人。我接触和认识的网络写手也有不少，他们之中依靠写网文小说，月收入从 3000 元到 20000 元都有。

无论是网络写手还是网络主播，变现模式各种各样，包括订阅收益、打赏收益、流量收益及带货佣金等。当然，值得注意的是，在众多网络作家中，年入百万乃至千万的"大神"级写手属于凤毛麟角，大部分网络写手的收入其实并不理想。

六、知识付费

随着知识付费体系日渐成型。与创作图书的高门槛相比，做知识付费的门槛要低得多。只要你在某个行业有一定的经验和专业知识，而且这些知识有读者愿意付费买单，那么通过知识付费这种方式进行变现是可行的。

在我认识的作者、朋友或粉丝中，依靠做知识付费，一年变现十多万甚至几十万元的人并不少。

其中一位朋友来自贵州，这位作者专注于研究历史人物王阳明和曾国藩，他在某平台的粉丝有25万（截至2024年7月），内容主要关于王阳明和曾国藩的学理解读，仅付费专栏的订户高达4万人。根据他的课程平均定价45元左右计算，卖课收入保守估计可达180万元。这个成绩在知识付费领域只能算是小咖，大咖的收入更高。想想看，如果是传统写作，又有多少人能达到这个成绩？

七、参加征文或比赛

如今，各种征文和写作大赛较多。一些权威性高、影响力大的征文或比赛奖金丰厚。与此同时，一些大型企业也会征集广告语，奖金相当诱人。当你的写作水平和技巧达到一定水平之后，就会发现变现机会无处不在。对写作者来说，最怕的事情是想得多、做得少。

看到这里，对才华横溢却始终找不到变现路径的你是不是有所启发呢？

不过，我还是要提醒大家，虽然我已经把写作变现的主要路径和方法和盘托出，但并不代表你马上可以实现变现。因为成事都要具备几个必备条件：方向对、坚持做、方法好，缺一不可。此时，你不妨扪心自问一下：自己准备好了吗？

第五节　内容营销的密码

我的两个朋友，一位姓朱，一位姓段，都是从纯文学写作转型到商业写作。根据多年的交往情况来看，我发现两人的起点、写作水平、认知水平等多方面相差无几。两人的转型时间均在 2022 年年初，但两年之后，也就是到 2024 年年中，两人在商业写作方面的距离明显拉开。

朱先生性格活泼、思维开放，喜欢与人交流互动，每次写完文章都会主动分享给身边的朋友，同时分享到一些微信群，还时不时参加文友的线下见面会，与同行探讨。他的文章阅读量比较高，每月的写作变现收入也十分可观，早已经超过了工资。

而段先生性格内向，基本是大门不出、二门不迈，写完文章之后，从不宣传推广。他总觉得，反正自己尽全力把内容做好，至于别人读不读，是否喜欢，就和自己无关了。正是因为这种被动做法，导致他的文章阅读人数只有几十，上百的都不多，变现方面自然效果极差。

两相对比，可以看出，朱先生和段先生之所以变现情况完全不一样，关键在于一个精于内容营销，一个完全不懂。

时至今日，很多从事商业写作的人还不了解何为内容营销，内容营销为何如此重要，以及普通人如何进行内容营销。下面，我们一一进行深入解析。

一、何为内容营销

从定义上来说，内容营销是一种营销策略，旨在通过创建和传播有价值的内容吸引、保留和转化目标受众。

内容营销策略包括但不限于文章、视频、图片、电子书籍、直播、课程等形式，目的是吸引潜在客户，提高产品或服务的影响力，扩大市场份额，增加销售利润。

值得一提的是，对写作赛道来说，内容营销的核心在于必须依托有价值的内容。说得直白一点，你创作出来的内容必须有用，能够满足目标读者和用户的需求，解决他们的痛点问题。如果你不了解目标用户，就算内容质量再好，也不会吸引读者，更谈不上变现。

二、内容营销为何如此重要

如今，越来越多的内容创作者开始认识到内容营销的重要性。内容营销之所以如此重要，有几个关键原因。

1. 带来长尾收益

在创作出有价值的高质量内容之后进行内容营销，可以使文章在搜索引擎中获得较好的排名，能够带来源源不断的流量和收益。这就是典型的长尾效应或长尾收益。一位叫"徐公读城"的博主曾经发文说，自己5年前在知乎平台上发表了一篇文章，至今仍然不断有人在这篇文章下点赞评论。而且他在知乎平台推荐的一本书，半年之后还有成交。

2. 转化潜在消费者

我们都是消费者，但决定购买任何一项商品之前，大家都会在心里有一个大致的分类，然后根据急需品、非急需品、可买可不买等几个大的标准来做出决定。

实话实说，与牙膏、牙刷、油、盐、酱、醋等必需品相比，文化消费属于非必需品，要想让目标读者从潜在的消费者变成真正的消费者，有一个教育和引导的过程。比如，当用户在网络上搜索一个特定问题时，高质量的内容如果被搜到，就可以吸引和引导他们，逐步建立信任并推动消费者做出购买决策。

3. 利于打造个人IP

在流量发挥巨大作用的时代，就算不是名人大咖，只要有优质的内容，掌握了内容营销的密码，树立了个人品牌思维，成功打造个人IP，就可以通过自己的写作能力和才华获得丰厚回报。

客观来说，写作能力强的人有很多，但同时懂得内容营销的人不多。大多数写作者认为写完内容之后向客户交货或在自媒体平台上发出来就算完事。事实上，高手都知道，写完内容只是第一步，营销同等重要。就像大名鼎鼎的茅台酒，酒的品质好是基础，如果没有强有力的营销，也不可能成为民族品牌中的顶级奢侈品。

4. 建立品牌忠诚度

企业要想成为百年老店，除了过硬的产品质量或服务，宣传必不可少，个人也是如此。要想让我们在商业写作领域独树一帜、商业价值不断提升，内容营销不可或缺。而且，巧妙的内容营销能够加深目标读者对个人品牌的好感度和忠诚度，增强用户黏性。

为什么很多大型企业要找财经作家吴晓波合作？那是因为吴晓波通过《大败局》《激荡三十年》《腾讯传》等系列畅销书奠定了著名财

经作家的"江湖地位",然后又通过吴晓波频道等网络渠道,进一步扩大了在互联网上的影响力,让越来越多的企业和个人成为他的忠诚用户。

三、普通人如何进行内容营销

大多数人比较关心内容营销的具体做法有哪些,以及是否需要投入较高的成本。

内容营销是一个系统性和全面性的体系,无论采取哪些方法,最终目的都是为了吸引和转化潜在客户,让好的内容获得更好的经济回报。下面是内容营销的具体步骤。

1. 提供有价值的内容

到底什么是有价值的内容?可能不同的人有不同看法。但我认为有一个基本的标准,即你创作的内容必须具有原创性、专业性和实用性,能够给人带来新知识、新视角和新体验,信息量大且密度大,有一定的稀缺性,能够很好地满足目标受众的需求和兴趣,解决目标读者的痛点问题。

2. 明确营销目标

优质内容创作出来之后,第一步必须明确内容营销的目标到底是什么,是扩大作品的曝光度,提高个人品牌的知名度,还是促进销售转化,最大限度让读者买单等。通常来说,目标不同,营销策略和投入的资源也是不同的。

比如,你写了一篇有关化妆品的商业软文,自然是希望能让更多的消费者下单购买,那么你在制定营销策略时就要侧重于女性用户为主的网站或社群。如果你写的是财经文章，营销的对象就应该以男性或对投资理财感兴趣的读者群体为主。

3. 内容分发与推广

如今是信息大爆炸时代，自媒体的爆发和普及为草根创作者成名和进行商业变现提供了无限可能。内容创作出来之后，可以通过如下几个渠道进行分发和推广。

一是打造个性化标识。提前在各大自媒体平台注册个人账号，为了让读者和粉丝更好地找到你，建议使用统一的账号图像和名称。比如，我在公众号、今日头条、微博、百家号、知乎、小红书等主流平台的账号名称均为"作家出版人姚茂敦"。此外，为了增强权威性和传达更多的信息，建议对个人账号进行认证。我的自媒体名称其实就包含三个关键词：作家、出版人和姚茂敦，相当于这个账号名字既有我的两个职业身份，也有真实姓名，而这些信息就属于个性化标识。

二是合作互推。懂得内容营销的写作者会与其他作者、媒体或平台进行合作，互相推广内容，扩大影响力。比如，我认识的一位博主，时不时会联合其他博主进行互推，具体做法也很简单，参加互推的博主设置好红包，进行捆绑式互推，即读者关注这些博主，可以获得一定的现金红包。不过，需要注意的是，制定内容营销的策略时，要注意是否符合平台规则，因为每个平台的规则是不一样的。其中，有的平台对于此类做法并不支持，而且处罚比较严厉。

三是引导和鼓励用户分享。这个做法比较常见，即在文章末尾，在不违反平台规则的基础上，写上一些鼓励和引导用户分享的话，让别人帮助你扩大传播范围。比如，我会经常在自己的文章最后加上一句话：

"温馨提示：关于图书出版、写作变现或创业的相关问题，欢迎留言讨论，也可以订阅我的付费专栏。"

值得注意的是，根据当前大部分平台的规定，引导用户分享是不能留下具体联系方式的，否则容易被系统判为违规，轻则删文，重则封号。因此，认真研究平台的运营规则极为重要。

四是付费推广。对于特别重要的商业内容，写作者还可以通过购买流量、利用搜索引擎、制作图文广告或视频广告、资源互换等多种付费推广方式提高内容的曝光度、点击率和影响力。如果内容过硬，加上付费推广，很容易产生阅读量惊人的爆文。

此外，也可以利用自身资源，结合内容特点，与当地的企业、学校、社区等机构合作，举办写作讲座和培训活动，在现场进行推广，以提高自己的知名度和影响力。

4. 效果评估与优化

第一，分析关键数据。任何营销策略，无论是免费还是付费的，都要使用分析工具来跟踪内容营销活动的效果，收集数据并分析效果。比如，一篇文章在多个社群、微信朋友圈等发出之后，要密切关注1小时、6小时和24小时的数据变化趋势，特别要对阅读量、分享、评论、转发、转化率等关键指标进行复盘，以便为后续内容的创作和调整提供参考依据。

第二，收集读者反馈。有效的内容营销策略必须重视读者的反馈和建议，了解他们对内容的看法和需求。特别是负面评论，不可等闲视之，也不能故意忽略掉，而要放平心态，虚心接纳，并客观评估其合理性。如果是好的建议，应该积极采纳并感谢读者的反馈。

第三，及时调整策略。内容营销的策略是否有效，不是以作者单方面的看法为准，而应该根据数据分析和更多的用户反馈结果进行综合评判。如果前期的内容营销策略出现问题，读者的负面评价较多，写作者必须采取调整内容方向、优化内容质量、改进分发渠道等多种方式，以更好地满足目标读者的需求。

一般来说，通过以上几个步骤，写作者可以把优质内容传递给更多有需要的读者，从而达到提高品牌知名度、促进销售转化、提升客户忠诚度和获得更多经济回报的目的。

总之，内容营销的方式和渠道有很多，写作者只要多动脑筋、打开思维，就可以创作出更多的爆文，取得更好的营销效果。

爆文创富小案例

知名历史作者@客多文史是我的大学校友。他曾经做过新闻记者，后专职从事自媒体写作。在自媒体爆文写作和知识付费变现方面，他是普通写作群体中的佼佼者。

值得注意的是，@客多文史只是一位普通的历史类内容作者，并非大咖名人。最近几年，他专注于研究中国著名历史人物，如王阳明和曾国藩等，创作的内容主要关于王阳明和曾国藩的学理解读，其百家号收费专栏的订户超过4万人。虽然不能与一线大咖相比，但在知识付费领域，这个成绩无疑是相当显眼的。

仔细分析@客多文史的收费专栏内容，有几个优秀之处值得大家学习。我们以2020年12月2日的一篇文章为例。《曾国藩初入官场受到打击，幡然醒悟：要想成功，得从驭人开始》，这篇文章的推荐量达到惊人的1588万，阅读量45.2万。而更让人吃惊的是，这篇文章的付费订阅者竟然达到1044人！以该专栏定价59.9元计算，如不计算折扣和平台抽成，该文的付费订阅收益达到62535元。

为什么这篇文章的付费订阅人数如此之多？探究背后的原因，大致有三个。

一是选准热门赛道。最近十多年，人们越发意识到本土文化的独特价值。通过阅读历史类文章，人们能深入了解中华民族的辉煌过往，增强文化认同感和民族自豪感。与此同时，阅读历史类文章可以让人暂时摆脱现实的喧嚣，获得心灵的慰藉和放松。

二是内容生动有趣。以通俗易懂、幽默风趣的现代语言来讲述历史，能让更多人感受到历史的趣味性和亲近感，为历史类文章的创作提供了新的思路。@客多文史的这篇有关曾国藩的文章语言生动活泼，贴近大众需求，非常符合读者口味。

三是提供有用的借鉴。曾国藩初入官场时是个普通的甚至有些莽撞的人，他行事冲动、口无遮拦，因此得罪不少人，还曾被降职。但他善于反思，坚持通过写日记来反思自己的不足并改正，不断提升自己。他从一个官场"愣头青"成长为晚清四大名臣之首，这种逆袭的经历对普通人有很大的吸引力和激励作用，人们希望从对他的解读中汲取经验和智慧。另外，曾国藩在为人处世、识人用人等方面有自己的独到之处，具有现实借鉴意义。在竞争激烈的现代社会，人们渴望学习曾国藩的处世智慧，以更好地应对各种挑战和人际关系。@客多文史的这篇文章就很好地满足了读者需求。

  由此可见，作为一名普通的自媒体作者，@客多文史的这篇爆文背后，其实是有逻辑可循的，值得大家仔细品读和思考。

第三章
选题：让创意跑起来

在写作过程中，运用新颖、独特和具有创新性的表达方式，组织策划优质选题，创作有价值的内容，吸引读者关注显得至关重要。而要想让选题更具吸引力，写作者必须学会从日常生活中寻找好选题，包括分析目标读者需求、大量阅读、扩大社交、重视读者反馈等做法，都是较为有效的策略。此外，创意写作还必须具有丰富的想象力、精准的表达力、必要的商业思维等。总之，只有让创意跑起来，你的作品才能得到更多读者的喜爱，获得更好的社会效益，而更多的爆文也会带来更大的经济效益。

第一节　如何让选题更吸引人

专业写作者都知道有个词叫选题，但更多没有经过专业训练或者没在新闻单位工作过的写作者可能不知道选题是什么。事实上，选题极为重要，它直接指引和决定了写作方向，甚至影响内容质量和变现的效果。

虽然个体写作不需要像新闻出版单位那样有严格的选题策划和论证流程，但写作者必须了解选题的基本概念、功能和作用，以及怎么做才能让选题更加吸引人，创造出更多的爆文。

一、选题的基本概念及功能

选题是指在进行写作、研究或创作等活动之前，根据特定的目的、需求和兴趣，确定一个研究或讨论的主题或问题，并围绕这个主题或问题进行范围界定。再通俗一点来说，选题就是正式写作之前对内容和方向进行大致的框定。

在写作实战中，选题有如下几个功能。

第一，确立写作方向。选题可以明确写作方向，确立写作的核心内容和目标，帮助写作者聚焦于特定的话题或领域，避免偏离主题和分散注意力。一旦确立写作方向，有利于调动各种资源，为核心目标服务，创作出更具深度和专业性的优质内容。

第二，明确写作视角。众所周知，同样是一件事情，写作的视角可以有很多种，而采取哪一种视角，需要在选题阶段进行明确。比如，采访一位专家，用第一人称和第三人称的写法差别较大。以第一人称写作，是以主角的视角进行叙述，通过"我"来讲述故事，优点是读者能够直接了解主角的内心世界和情感变化，从而产生强烈的代入感，缺点是容易自卖自夸，真实性和客观性易存疑。以第三人称写作，则是从其他人的视角来叙述故事，优点是视角更加立体和客观可信，缺点是代入感较差。客观来说，没有一种写法是完美的，这就需要在选题阶段根据具体情况进行分析，然后选择合适的写作视角。

第三，全面评估。在确定一个写作主题之前，需要对主题进行全面评估，包括是否符合法律法规要求和社会主流价值观，可以调配的资源有哪些，潜在目标读者在哪里，内容能否满足读者的需求，预计会产生多大的影响，能否变现等多个方面，每一项都不容忽视。

仅以其中的调配资源为例。在确定一个选题时，写作者需要考虑能否获得足够的资料、数据、案例等资源。如果既有资源不够时，有无人脉关系进行求助。比如，一位财经作者想写一篇有关银行数字化转型的文章，除了收集公开资料、研究专业报告等常规做法，当这些资源不足以支撑写作时，作者如果认识一些行业专家或银行相关职能部门的负责人，那么在关键时候就能派上用场。如果没有这些资源提供支持，这个选题就算很有价值，也有可能因为无法执行，最终只能放弃。

第四，严格筛选。经过全面评估之后，如果认为选题有价值、可操作性强，则正式进入写作阶段。反之，如果经过评估之后，发现有问题或不足之处，需要及时进行调整和完善；如果评估认为选题不成熟，或者不具有价值，则弃之不用或放入备用选题库。因此，对选题进行评估有一个严格筛选写作主题的功能。

二、选题论证的基本流程

我在某财经媒体工作时，每个工作日的下午都有选题会，参加人员有总编、各版块采编负责人、部分记者和全体编辑。召开选题会的目的，是对当天记者采访和编辑策划的选题进行汇总和筛选，确定哪些内容适合发在头版头条，哪些选题放弃不做，哪些内容放在要闻版、公司版或证券版。如果有重大突发新闻，还要临时抽调采编人员进行报道。如果重大选题漏报，版块负责人或记者会被罚款，此举的目的是确保报社在重大财经新闻的报道方面不缺位。

从我的经历可以看出，传统的新闻出版单位都有严格的选题论证流程。下面，我们来介绍选题论证的几个简要流程（不同单位可能会有变化）。

1. 初步调研

策划人或写作者查阅相关新闻、文献、书籍、文章和研究报告，了解行业现状和发展趋势，收集相关信息，找出尚未解决的问题或值得探讨的新角度，进行初步调研。

2. 列出选题

根据初步调研的评估结果进行选题列选。列选选题时，策划人或写作者需要考虑选题的价值、意义、创新性和实操性。

3. 部门初审

策划人或写作者将选题资料交给部门，由部门负责人组织内部成员讨论，进行初审。评估主要围绕合规性、市场前景、社会价值、成本核算等方面展开。

4. 上选题会

经部门初审过的选题，提交到单位的选题会进行论证。在论证会上，参加人员有单位领导、各版块负责人、发行人员、营销人员等。必要时，还会邀请外部专家。然后由策划人员汇报选题的亮点、潜力、成本、价值和可行性。参会人员会提问和讨论，目的是深入了解选题的价值和可行性，发现潜在的问题和风险。然后，对选题进行投票。投票分为通过、有条件通过、不通过等选项。投票结果作为选题是否立项的重要参考依据。

5. 正式执行

选题论证通过之后，即可进入正式执行阶段。对策划人或写作者来说，选题一旦确定，就需要制定写作大纲，明确写作的步骤和执行时间表等。

当然，对于个人写作者来说，不需要像新闻出版机构那样，每个选题都要进行严格的论证。但还是应该了解选题论证的流程，理解选题在写作过程中的重要性。

我观察到，经过严格训练的写作者对于选题的筛选是比较重视的，而筛选之后的选题，质量普遍较高，也更容易得到读者青睐。无数事实证明，没有经过调研和评估，随心所欲写出来的内容，市场前景、社会影响力和变现效果都要差很多。

三、如何让选题更吸引人

要想让选题更吸引人，受到更多读者的喜欢，获得更好的经济回报，实现爆文创富的目标，需要作者花很多心思，肯定不是轻轻松松就能达到的。根据个人长期以来的实践经验，可从以下几个方面入手。

1. 挖掘独特视角

在移动互联时代，信息和知识的生产和接收都变得非常便捷，因此，写作者要想让自己的内容脱颖而出，难度在不断加大。为此，除了密切关注热点话题，也可以关注一些小众的领域和选题。比如，一些非遗传承技艺显得相对冷门，但有着很多值得深挖的故事和独特的价值，可以很好地满足部分读者的探索欲和好奇心。

2. 转变切入角度

很显然，小众的选题可能不会太多，常规选题还是要做的。为了别具一格，不妨尝试从不同的角度切入。比如，说到投资理财的话题，基本是从资产配置等实战角度出发，如果你从"投资理财对心理健康的影响"这个角度切入，探讨投资理财与心理健康的关系，以及如何调适心理焦虑，通过投资理财让生活更加幸福，说不定有意外惊喜。

3. 瞄准消费对象

比如，90后和00后的消费观念与60后和70后相比已经发生巨大变化。他们追求精致生活，接受超前消费，注重性价比，习惯线上购物，偏爱个性化产品，愿意为有价值的产品付费，擅长使用社交工具。了解了这些消费特点之后，写作者就能更好地创作出符合消费对象的作品，变现效果也会更好。

4. 提供新知识

伴随着互联网成长起来的消费者，现在处于 30 岁到 45 岁，是当前消费市场的主力。他们喜欢探索各种新知识，思维开放，有意愿也有能力为兴趣和专业知识付费。不过，这个群体有一个显著的特点，就是大多接受过高等教育，见多识广，有较强的判断能力，而且已经过了冲动的年龄，想忽悠他们是很难的。因此，写作者必须深入研究，有深厚的专业积累，掌握某个行业内的最新动态和前沿理论，能够在海量信息中筛选出有价值、未被广泛传播的新知识，并以全新视角进行分析，提出自己的独特见解和解决方案，从而激发读者进行思考，让读者有新收获。

5. 突出价值感

对于以变现作为主要目的的写作而言，必须突出内容的价值感。而读者需要满足的价值主要有两种：实用价值和情绪价值。所谓实用价值，指的是文章能够为读者提供具体、可操作的信息或建议，帮助他们解决问题或达成目标。情绪价值则是通过精彩故事或创新性表达，给读者带来愉悦、感动或共鸣等情感体验。

当然，如何让选题更吸引人，本身是一个仁者见仁、智者见智的问题，但以上几点做法我一直在使用，而且效果非常不错。

第二节　真的需要选题库吗

对于写作者来说，可能或多或少听说过选题库。那么，到底什么是选题库？它真的那么重要吗？选题库能够带来哪些好处呢？本节内容，我们一起来深入学习。

一、不可或缺的选题库

所谓选题库，就是用于存放和整理计划写作内容框架或主题的一个集合。建立选题库的目的，是帮助写作者在需要时能够快速找到合适的写作方向或主题，提高创作效率和内容质量。

值得注意的是，建立选题库只是第一步，随时进行维护和更新更为关键，只有持续丰富和完善选题，才能让选题库发挥出应有的作用。对写作者来说，尤其是新手，选题库是不可或缺的。

很多写作者经常抱怨找不到选题可写，关键就在于生活积累不够，又没有选题库可用，每次都是临时抱佛脚，自然是心慌意乱。

多年前，我在做自由撰稿人时，就在电脑上建有选题库。当时，我主要通过给杂志和报纸写稿赚钱，写作方向有纪实、哲理和文学三大方向。为此，我专门建了一个选题库的文件夹，里面包含了纪实特稿、哲理小品、文学作品、历史资料、新闻线索等几个子文件夹。每当在网上或媒体上看到有价值的新闻内容或别人写的优秀的文章，我会随时把链接、文章收藏起来，或者拍照留存。

在写作时，这些分门别类存储的资料随时可以变成备选的选题。从实际使用的情况来看，建立选题库的效果是很好的。

当然，当我们的写作能力、生活经验和积累的素材达到一定水平之后，不一定非要建立实体的选题库，但脑海里面的选题库依然不可或缺。而且我建议这个好习惯最好是继续保持下去，有句话说得好："好记性不如烂笔头。"

二、选题库有哪些作用

时至今日，越来越多的写作者开始意识到选题库的重要性。从实用性的角度来说，一个设置科学的选题库至少有六大作用。

1. 提供创作灵感

众所周知，历史上很多伟大的文学作品是极具天赋的作家创作出来的，虽然商业写作对天赋的要求不如文学写作那么高，但在创作过程中灵感是必不可少的。再厉害的写作者也不可能随时随地都有强烈的创作欲望和丰富的题材可写，此时，选题库就可以派上用场了。当写作者面临创作瓶颈或不知道写什么时，选题库可以提供丰富的灵感来源。

2. 提高创作效率

一般来说，写作状态可以分成两种：一种是一气呵成，几乎不用修改即可定稿；另一种是先写出初稿，然后再反复修改和打磨。

从我多年的创作实践及长期观察来看，一气呵成的人极少，通常是创作水平达到较高水准的名家和专业写作者,对绝大多数写作者来说,反复修改是常态。

如果建有选题库,在写作之前对写作计划有一个初步安排,对大致结构和内容进行规划,就能够减少在写作过程中的纠结和犹豫,提升写作效率。

3. 确保内容高质量

众所周知,木匠在施工时总会用墨盒在两端弹一根墨线,以确保在砍、锯、凿等时有个明确的依据,不至于做出来的产品七歪八斜。

对于写作者来说,选题库就相当于木工的墨线,有助于写作者保持写作的连续性和稳定性,确保在不同时间段内都有可写的内容,而且质量也能保持较高的水准。

4. 尝试多样性

正常情况下,一个写作者通常会涉足多个领域的创作。比如,20多年来,我先后写过诗歌、散文、小小说,后来转型写纪实特稿、哲理小品、时评及新闻作品。最近十多年,我还创作并出版了投资理财、少儿财商、创业、个人成长等方面的多本图书。

有经验的写作高手会在选题库中建立多个文件夹,涉及多个领域和主题,此举有助于写作者拓宽视野,尝试让内容更具多样性和丰富性。

5. 应付突发情况

写作者都知道,当一个重要的突发事件发生或者客户紧急派送任务时,平日建立的选题库就能发挥巨大的作用。2011年,还是博客流行的时代,一些基金公司有新产品上市时会找我写广告软文。虽然当时我的主要精力放在股市投资方面,但平时对基金有一定的研究,遇到好的文章也会收藏起来。接到客户的任务后，我会在客户要求的交稿时间之前提前完成任务，而且客户很少修改。有这么好的结果，选题库可谓功不可没。

6. 利于个人成长

其实，人人都有惰性。一些事情，当你认为很重要时，你会主动进行各种准备。反之，你可能觉得无所谓，听之任之。就像我每次开始写新书之前，会阅读和收集大量的资料，然后对这些资料进行消化。不仅如此，在写作过程中，收集和阅读资料的行为也不会停止。在此过程中，对我来说，其实也是一次绝佳的成长机会。

三、如何建立高效、好用的选题库

建立选题库并不难，人人都可以做，但如何建立一个高效、好用的选题库，就需要一定的技巧了。

以下是一些建立写作选题库的方法，亲测有效，现分享给大家。

1. 注重日积月累

作为写作者，养成大量阅读的好习惯，再怎么强调都不为过。为了加深记忆和随时可以调用资料，我们在阅读书籍、文章、新闻时，遇到感兴趣的话题、观点或案例，可以及时记录下来，或者把链接、网页保存下来，标注出处，放入选题库的相应文件夹，以便后续随时查阅。或许短期之内很难建立起庞大的选题库，但日积月累下来，效果是相当明显的。

2. 观察日常生活

不少读者和粉丝经常向我抱怨，说找不到选题可写，出现这种尴尬的局面，归根结底是生活经验不足，对日常生活观察不够。

事实上，只要稍微用点心，发生在我们身边的生活细节、人物故事、社会现象等都是很好的素材和选题来源。如果你学会用敏锐的眼光观察周围，随时记录下触动你的瞬间或好的想法，在写作过程中，脑海里面的细节就会源源不断地跳出来，任你使用。

大学期间，我就读于贵州大学小关校区。这个校区远离花溪本部，规模不大，硬件设施很一般，但好在环境优美，校园周围全部被茂密的森林所覆盖，各类花草和树木应有尽有。因为不是校本部，很多同学对于这个地方多有不满，总觉得各方面都不好，但我很喜欢这样的环境。为此，我写了一篇很美的散文，名字叫《春到随园》。这篇散文不但刊登在校报和全国大名鼎鼎的文学刊物《山花》（增刊）杂志上，还获得了贵阳市散文大赛一等奖。这篇作品能获此殊荣，就是因为我把平时观察到的校园的雅、静、美、小写得生动有趣，深受读者喜欢。同学们纷纷对我说："我和你一样，天天生活在这里，咋就没觉得校园这样美呢？"对此，我只能礼貌地报以微笑。

3. 进行分类整理

前文提到，选题库是一个需要不断完善和积累的系统，随着时间的推移，选题库的容量会越来越大，因此，进行分类整理是必不可少的。

不同的人可能有不同的分类习惯，大家根据自己的实际情况采取适合的做法即可。我更喜欢将选题按照主题进行分类。如果做得再细致一点，你还可以根据时间和紧急程度分类。此外，因为不同的自媒体平台，风格和管理制度不同，你也可以根据平台进行分类。比如微博、公众号、知乎、头条、百家号、快手、抖音等平台，其读者群体、作品形态和整体风格的差别是比较大的，你的作品不一定适合所有平台，那就需要尽量选择和创作不同的作品，发布在不同的平台上，才能达到更好的传播效果。

4. 分析用户痛点

既然是商业写作，那么写作者的一切行动要以分析、解决用户痛点和用户需求而展开。在建立选题库时，就需要通过多渠道深入了解和研究目标读者和用户的具体问题和需求，收集相关资料。掌握的资料越多，创作出来的内容就越具实用价值，读者也越愿意支付一定的费用，获得对自己有帮助的产品，距离我们爆文创富的目标也就更进了一步。

5. 定期维护和更新

随着时间的推移，市场热点和读者需求也会发生变化，我们的选题库必须进行定期维护和更新，随时删除过时或不合时宜的话题，保持选题库的新鲜度和吸引力，努力与时代保持同步，最大限度发挥出选题的作用。

6. 注重差异化

在信息过载的大背景下，要想让选题更具吸引力，写作者在建立选题库时应该注重差异化，根据自己的特点和用户需求进行创新，融入个人特点，多收集一些大家讨论较少但比较关注的话题，比如心理健康、人际关系、收入分配、药品安全等。

总之，一个好用的选题库的建立和迭代优化是一个持续的过程。千万不要流于形式化，核心在于用起来方便，并且能够对你产生实质性的帮助。

第三节 如何从日常生活中找到好选题

在本章第二节，我们分析了选题库的作用及如何建立高效、好用的选题库。其中，我们提到，只要稍微用点心，发生在我们身边的生活细节、人物故事、社会现象等都是很好的素材和选题来源。本节内容，我们就来专门探讨如何从日常生活中找到好选题。

一、好选题有哪些特征

可能让很多写作者疑惑的一个问题是，到底什么样的选题才算是好选题，有无判断的标准？

很显然，写作是一件非标准化的事情，不像工业品生产，尺寸、材质、颜色等均有一套标准化的规定，而如何判断好选题是没有标准的。不过，经过多年的实践，我归纳了一些好选题的典型特征，大家可以对照参考。

1. 深度和专业

好的选题通常要具备一定的深度和专业性。太浅显的内容，别人都知道，学不到新知识或新技能，其价值是有限的。而读者喜欢和愿意付费的内容一定是比自己厉害和专业的人写的。比如，我在微信公众号里就特别关注了诗刊、吴晓波频道、雾满拦江等账号，通过阅读这些账号的内容能够增长知识、开拓视野。

2. 容易引发共鸣

好的选题绝对不是孤芳自赏，也不是自嗨，一定是能够解决读者痛点问题或提供新知识，进而引发读者共鸣。如果读者是真正被你的内容质量和风格所吸引，不是因为人情关系或碍于面子而关注你，那么就容易成为你的忠实粉丝，对于你的作品和需要付费的内容，这些忠实粉丝也会大力支持。

3. 独特和创新

当你创作的内容视角独特、观点新颖，让人看到过去没有看到的东西，展现出独立思考和创新意识，也容易获得读者的喜欢。比如，当一位著名科学家去世时，其他作者一窝蜂地写他的成长经历，而你根据权威资料和自己的信息来源，独辟蹊径，将他不为人知的情感故事以独家的方式写出来，就是一个很好的选题。

4. 突出实用价值

所谓实用价值，就是好的选题能够解决目标读者的部分实际问题，起到答疑解惑的作用。尤其是对于商业写作来说，要想实现变现的目标，如果只是无病呻吟，提不出实用建议和解决问题的方案，读者根本不可能买单。

5. 可操作性

好的选题还要确保在资源、知识、时间、技术等方面切实可行。如果任务太大或太笼统，没有可操作性，根本实现不了，也不是好选题。比如，我认识的一位作者，他总是说，自己下一本书一定是诺贝尔文学奖的有力竞争者，结果自然是毫无意外，他连提名都没有机会。众所周知，中国有很多优秀的作家，但迄今也只有莫言一位中国籍作家获诺贝尔文学奖。由此可见，要想获奖难度有多大。

6. 极具话题性

在流量时代，如果一个选题具有较强的话题性，有一定的热度和时效性，能够吸引更多读者的关注和参与，相当于自带流量，也是一个好选题。如果你的选题没有话题性，就必须质量过硬、内容够好、角度够新，才能得到目标读者群的青睐。

7. 有一定的社会贡献

在写作过程中，好的选题除了经济回报，更应该讲求社会贡献。换句话说，如果你的选题能够激发社会大众的广泛关注和讨论，或贡献新知，促进知识更新和推动社会进步，也是好选题。

二、如何找到好选题

对于想通过写作变现乃至爆文创富的人来说，自然希望每篇文章都大卖，或所撰写的文案吸引人，带来更多流量，使产品销量猛增。从现实情况来看，这并非不可能。如果我们能找到好选题，那么出现爆款或得到客户和读者认可的概率自然会大幅提高。

接下来，我们来谈谈写作者如何从日常生活中找到好选题，常见策略如下。

1. 分析目标读者需求

依据马斯洛需求层次理论，人类的需求从基本生存需求到自我实现需求，不断变化和提高。作为商业写作者，务必要了解哪些话题与人们的生活紧密相关。结合当下的环境，人们对国际时政、健康、饮食、婚恋、就业、职场晋升、社交关系、个人成长等话题的关注度都较高。此时，写作者如果能将自身擅长的写作方向和目标读者的需求结合起来，更容易让选题覆盖更多的目标人群。

我认识的一位图书作者，30多年来，一直撰写与炒股相关的分析文章。虽说最近几年A股市场的行情不好、市场人气不高，但我国的股民已经超过1亿人，读者群够大，加上他的文章很有见地，因此依然吸引了大量的股民粉丝。

2. 多渠道海量阅读

很多写作者总觉得找不到好的选题，内容质量不高，归根结底还是阅读太少，脑子里积累的知识和信息有限。为什么别人写的文章头头是道、言之有物、引人入胜？背后的原因其实很简单，就是掌握的资料多，肚子里有货，写出来的内容能够切中肯綮。要想打破这个找不到选题的尴尬局面，写作者必须进行大量阅读，甚至是海量阅读。而且阅读的渠道和方式不限，可以买书或借书，还可以在手机上收集资料，看央视新闻等。阅读时间也不用那么正式，乘坐地铁时、上厕所时、睡前半小时、等人的间隙等碎片化时间都要充分利用起来。

总之，阅读量越大，写作时才能随时调取所需的信息，快速、高效地写出质量高又符合市场需要的好内容。

3. 关注社会热点和时事动态

在当下社会，几乎每个成年人都有智能手机，关注社会热点和时事动态是极为便捷的，而且不受时间和距离的限制。对写作者来说，密切关注社会热点和时事动态，能够获得新的创作灵感和选题方向。比如，

2024年第33届巴黎夏季奥运会期间，中国运动员在赛场上奋力拼搏，摘金夺银，中国体育代表团最终取得了优异的成绩。而一些自媒体博主创作的奥运题材文章也获得了极高的阅读量，爆文层出迭见，可谓收获满满。

4. 扩大社交圈

这里所说的扩大社交圈，不是让你天天和三朋四友去喝酒应酬，而是指在日常生活中多与不同行业的人接触和交流，无论是大学教授、企业老板，还是普通上班族，每个人所处的位置不同，身份不同，聊出来的东西是极为丰富的。这些内容可以不断充实我们的知识库，这是写作者最为需要的。

多年来，我就有这个习惯，喜欢和不同行业的人打交道。有时，遇到感兴趣的话题，我会主动出击，和别人"搭讪"，往往能获得意想不到的效果。

2021年，我在朋友的婚宴上，偶尔听到同桌的一位女性和身边的姐妹聊起自己离婚的事情，而离婚的原因既不是某一方出轨，也不是经济问题，而是另有隐情。当时，我正在写情感类文章，听到这个信息，我立即想办法加了对方的微信。一来二往，逐渐熟悉之后，对方终于主动把和前夫离婚的原因告诉了我。此后，我据此写了一篇如何让婚姻更和谐的文章（为保护个人隐私，发布时隐去了当事人的姓名）。该文发布后，在某自媒体平台的阅读量超过16万人次。这个小小的案例就是主动扩展交际圈，为写作找到好素材的生动体现。

5. 重视读者意见

要想让写出来的作品得到更多读者的喜欢，并愿意付费，就必须重视作者的意见。具体做法也不复杂，可通过查阅读者的留言，设立粉丝群，请读者或粉丝提建议等多种方式，了解读者的真实想法，并把其中一些合理化的建议融入自己的作品，提升读者的参与感和互动性，让读者觉得自己的想法得到尊重，从而增强体验感。最为关键的一点是，读者的意见或建议其实也是作者获得好选题的重要来源之一。

通过以上几个方法，写作者可以持续不断地从日常生活中汲取灵感，找到既贴近生活又具有深度和广度的好选题。当然，选题的寻找和筛选是一个不断熟悉的过程，只要多思考、勤总结，找到好选题并不难！

第四节　好创意的威力

本章前面三节，我们谈了如何让选题更吸引人，日常写作是否需要选题库及如何从日常生活中找到好选题。本节内容，我们一起来探讨如何让选题更有创意，以及好的创意会产生哪些威力。

一、什么是创意写作

大约从 2009 年开始，"创意写作"一词开始在国内流行起来。其中，复旦大学在国内高校中首创以培养文学写作者为宗旨的创意写作专业硕士点。此后，创意写作在中国高校迅速发展并被越来越多的人所了解和运用。

创意写作是一种特殊的写作形式，有别于传统的文学创作，更强调个人创意与表达的自由。这一概念最早由美国学者、思想家拉尔夫·沃尔多·爱默生在 1837 年的一场演讲中提出。创意写作旨在培养个体的创造性思维，鼓励作者探索新的表达方式，不仅限于文学创作，还包括面向文化创意产业、新兴技术、日常应用等广泛领域的写作。

最近几年，关于创意写作和商业写作的关系存在较大的争议。其中，不少观点认为，创意写作仍然侧重于文学创作，与商业写作的区别较大。但我认为,商业写作完全可以被视为创意写作的一个分支,或者说,创意写作本身包含了商业写作。这是因为从创意写作的定义来看,创意写作范畴很广,它不仅包括诗歌、小说等文学写作,也包括广告文案、影视剧本、商业策划书、商业软文等非文学写作。

二、创意写作需要具备哪些能力

与传统的文学创作不同,创意写作(包括商业写作)的核心在于"创意"二字,如果缺乏创意,你写出来的作品新颖性不足,是很难吸引读者和客户的。因此,创意写作要求写作者具备以下几个方面的能力。

1. 丰富的想象力

虽然商业作品对文笔的要求没有文学作品那么高,但要想形成独特的风格和个性化标签,得到目标读者和客户的认可和喜欢,对于写作者还是有一定要求的。其中,丰富的想象力必不可少。

比如,两位作者同样写同一个厂家的手机新品上市,一位作者主要介绍各种强大的功能,内容看起来专业性很强,但多少显得有些枯燥;而另外一位作者则巧妙地使用湛蓝的天空、磅礴的大海、巍峨的高山、静谧的森林等丰富的想象,加上精美的画面和漂亮的排版,让读者产生一种特别的阅读体验,容易打动人心,转化成交的效果也明显好于另外一位作者。

2. 精准的表达能力

这些年,我经手编辑的新闻稿件和书稿,少说也有4000万字以上。我发现普遍存在一个共性问题,即很多作者的表达不够精准,洋洋洒洒几千字，云山雾罩，却没有一个明确的主题思想，读起来比较费劲。

与天马行空的文学写作不同，无论是创意写作还是商业写作，表达精准是基本要求。如果这一项能力不足，作者想要传达的信息就会出现偏差，甚至有可能误导读者，商业变现也就无从谈起。

3. 强烈的创新能力

根据我的写作经验，写作者很容易形成某种思维定势，这对于不同的读者和客户来说肯定是不利的。一位优秀的写作者，最好不拘泥于已有的模式和风格，而是勇于尝试新的写作手法和表达方式，拥有强烈的创新意识，为作品注入独特的生命力。说得具体一点，如果你不仅会写诗歌、散文和小说，还能够写广告软文、人物专访，甚至财经评论，那么你的作品就能够融入多学科的知识，商业价值也会更高。

4. 必要的商业思维

从我接触的大量作家和写作者来看，其中大多数人的写作能力很强，但缺乏商业思维。给他们安排一个写作任务，他们通常能够保质保量地按时完成。但内容出来后，如何进行营销，让内容的传播范围更广，成为阅读量更高的爆文，完全是两眼一抹黑。说到底，很多写作者习惯于埋头写作，对营销知识和技巧缺乏了解，也没有这个意识。事实上，在当前环境下，在写作领域，能写作、懂营销的综合型人才更具优势，如果没有必要的商业思维，就算内容再好，也有可能无人知晓，最终白费力气。

5. 熟练的写作技巧

虽然创意写作强调自由表达，但掌握熟练的写作技巧是必不可少的。当写作者面对不同的题材、主题和要求时，好的写作技巧能够让人轻松应对写作任务，提升作品的可读性。以我为例，我曾经为专业艺术杂志撰写卷首语，为权威财经报纸写过财经评论，也为政府部门写过舆情时评，虽然不敢说什么都能写，但相比大多数写作者而言，我的写作领域还是相对广泛的，背后依托的就是个人对文字的运用能力和熟练的写作技巧。

三、好创意能够带来哪些威力

在写作实践中，一个好的写作创意，对于写作者来说，可谓至关重要。通常来说，一个新颖、独特的写作创意能产生多方面的威力。

1. 快速吸引读者的注意力

在信息大爆炸时代，人们每天被海量的信息所包围，一个好的写作创意能够快速吸引读者的眼球，让内容脱颖而出。相反，传统而普通的写作很容易让作品被同质化的内容信息所淹没。

2. 大幅提升阅读体验

倒退20年，在传统媒体盛行的时代，作者无论写什么，读者都只能被动接受，因为读者的选择不多。如今，随着移动互联网的快速发展和智能手机的普及，人们获取信息和知识的渠道和方式太多了。如果你的内容比较有创意，结构新颖，观点独特且语言生动，可以大幅提升读者的阅读体验，变现也就是顺理成章的事情。

3. 增强互动性

一个好的写作创意能够激发读者的讨论欲和分享欲。读者可能会在评论区或通过多种方式发表自己的看法，或者主动将文章分享到朋友圈、微信群等。如此一来，你的文章也就获得了更广泛的传播。这种双向互动与过去的作者单向输出的交流方式存在着巨大的差别。

4. 提升个人影响力

我始终认为，无论科技如何发达，优质和有价值的内容是吸引读者的关键。而在自媒体时代，好的创意会迅速吸引和积累大量忠实的粉丝，个人影响力的提升也比传统媒体时代要快得多。

过去，一位传统作家要想获得全国性的影响力，通常要创作十多年甚至几十年，起码要在《人民文学》《收获》《当代》等著名文学期刊头版头条发表过作品，或者获得鲁迅文学奖、茅盾文学奖、老舍文学奖等重要奖项，或者出版过经典文学著作。而在今天，在流量和自媒体平台的助推下，只需短短几年时间，少数人就能成为拥趸无数的领军人物和意见领袖。

比如，六神磊磊（本名王晓磊）的自媒体创作相当成功。他在2013年年底开设个人微信公众号"六神磊磊读金庸"，以独特的视角和幽默风格，解读金庸小说中的有趣细节，借武侠人物评说时事热点、社会现象，得到粉丝的认可。其公众号文章的阅读量几乎每篇都是10万+。

5. 扩大收入来源

好的创意除了能够提升作品的质量和吸引力，以及个人影响力，还有一个强大的威力，就是能够增加作者的收入来源。过去，作家或写作者的收入来源只有稿费、小说改编等极为有限的几种方式，如今影响力大、粉丝达到一定量级的写作者可以将收入渠道扩展到广告分成、内容付费、品牌合作、直播带货等多个方面，从而使内容创作形成良性循环。

比如前面提到的六神磊磊,依靠在自媒体圈形成的巨大影响力和忠实粉丝的支持,他先后出版了《六神磊磊读金庸》《六神磊磊读唐诗》《唐诗日历2020》等畅销书,又增加了一个收入来源。

6. 加速个人成长

当写作者不断尝试新的创意和风格时,一方面需要持续学习,拓展自己的知识面、提升认知能力;另一方面,能够锻炼思维能力和创新能力,进而加速个人成长。对此,我的感受很深。

比如,这些年,我零零散散累计写了上千万字,但对于写作尤其是商业写作的知识和技巧,此前并未专门梳理和总结过。为了使本书更具实用性和指导性,让更多的写作者得到实际的帮助,我不但购买了一些其他优秀作者的同类书和网络课程,还查阅了大量的资料,然后分类整理、筛选和消化,再结合自身的实战经验写出来。在此过程中,我也学到了很多新知识,个人也得到了很好的成长。

爆文创富小案例

知名财经作家、财经自媒体人@郭施亮,系本人多年好友。和我一样,他曾经做过传统媒体人。与其他写作者不同,媒体人基本接受过严格和规范的新闻选题策划训练。对于选题的筛选、论证、评估和执行等各个环节比较重视,而一般的写作者对于选题的重视度不够,随意性较强。

正是得益于多年的刻意练习和长久坚持,@郭施亮的选题极具时代特征,往往能够踏准市场热点,加上观点独特,分析专业透彻,颇受广大财经读者和投资者的青睐。

2024年国庆节前后，A股市急涨急跌的行情让很多股民不知道应该如何操作才好。

为此，@郭施亮于2024年10月14日在搜狐号发布《A股牛市是刚刚开始，还是已经结束了》一文，对热点问题进行深度分析，并给出了自己的建议。该文发布后，短短48小时，阅读量急剧攀升，很快超过101万。

深入分析这篇爆款文章，我们会发现，其爆火的原因主要有三点。

一是瞄准市场热点。而@郭施亮作为拥有140多万粉丝的知名财经专家，及时从专业角度对大家关心的热点话题进行分析，为投资者提供新的观察视角，选题贴合市场热点，初步具备了爆文的基础条件。

二是关键词触发系统推荐。不过，光切合热点肯定是不够的，毕竟市场上每天分析股市投资的文章何止千万篇。在自媒体时代，一些有经验的作者会巧妙设置关键词，增加触发系统推荐的机会。标题《A股牛市是刚刚开始，还是已经结束了》看似简单，但其中"A股牛市""刚刚开始""还是已经结束"等几个关键词，既能够吸引读者的注意力，又能让系统准确识别，从而触发了平台推荐机制。一旦进入平台的流量池，并得到更多人的阅读转发后，系统会进行多轮推荐，阅读量就会呈几何级增长。

三是巧妙引导读者互动。在《A股牛市是刚刚开始，还是已经结束了》的结尾，作者巧妙设置一个带有不确定性的问号，这个做法极大地调动了读者的热情，从而促使其主动参与互动、转发和分享，相当于免费给作者做了宣传员。

总结起来，一些爆文好选题似乎带有运气成分，但背后却是作者经年累月持续付出、不断研究得到的必然结果。

第四章
标题:"题好文一半"的威力

说到标题,再怎么强调其重要性都不为过,因为标题是文章的门脸。如果第一印象不佳,读者可能就会果断弃之;无人阅读的内容,就算知识含量和内在价值很高,变现也无从谈起。在实战中,取标题是基础,是一门必须掌握的技术活,无论是哪一类写作者,都应该掌握基本方法和技巧。事实上,形态各异、个性十足的好标题均有一些共同特征,在日常写作过程中,只要多练习、多总结和多领悟,完全可以轻松学会。一旦成为取标题的高手,爆文频出不是太难的事情,写作者得到的回报将是巨大的。

第一节 标题为什么如此重要

俗话说："题好一半文。"意思是说，取一个好的标题，文章已经成功了一半。在商业写作中，标题显得尤为重要，甚至可以说是爆文创富的关键之一。这是因为读者会不会读一部作品，首先是标题是否吸引人，然后再决定是否要看完内容。如果文章的标题平淡无奇，甚至牛头不对马嘴，即便内容很不错，产生的效果也会大打折扣。

一、阅读标题，读者想得到什么

读文章，首先得看标题，标题是内容的第一门面。那么，读者通过阅读标题想得到什么呢？

第一，获取想要的信息。正常情况下，标题能够提供文章的基本信息，读者可迅速了解文章的主题或核心内容，然后判断是不是自己想要的信息。如果看完标题后，读者感觉与自己没什么关系，也就不必浪费宝贵的时间继续读下去了。

第二，寻找同频者。阅读标题，读者可以大致判断作者是否与自己同频，包括是否为同行、是否关注共同的话题、有无共同的兴趣爱好、性格是不是差不多等，然后再决定是否继续阅读。

第三，筛选有价值的内容。在信息大爆炸时代，每个人都需要对接收到的海量信息进行筛选，否则你就算不吃不喝，也消化不了随处可见的海量信息。标题可以帮助读者快速筛选出有价值或感兴趣的文章，过滤掉无关的内容。比如，一个人是从事跨境电商工作的，而他的兴趣是二次元，那么，他在刷到与工作和兴趣相关的内容时会先看看标题，如果标题吸引人，就会点击继续阅读。反之，则会弃之。

第四，建立初步预期。既然是第一门面，标题的一个重要作用就像男女相亲，初次见面，通过对方的穿着、外貌、言谈举止，甚至是一颦一笑，就会快速建立起第一印象。读者通过标题，会对内容形成初步预期，再预估阅读内容之后可能会得到哪些收获。

第五，寻求心理安慰。读者阅读文章，很多时候并不是真的需要别人指导，更多是寻求心理安慰。比如，股民看到"股市大跌背后原来是这个原因"的标题，就会忍不住点开阅读，因为看这篇文章可以让自己得到心理上的一种慰藉。

二、一个好标题的三大神奇功效

前面，我们从读者角度出发，剖析了一个人在阅读标题之后希望能够获得哪些信息。那么，站在写作者的立场，一个好的标题又能够发挥出哪些神奇功效？或者说，好标题到底能够为爆文带来哪些作用呢？

根据多年的实战经验，我认为好标题至少有三大神奇功效。

一是激发读者的阅读热情。在信息大爆炸时代，一个平淡无奇的标题很难抓住读者的眼球，而一个引人入胜的好标题能够瞬间吸引读者的注意力，激发他们的阅读热情，甚至使他们停下手里的事情。比如，

《AI强势来袭,未来的汽车会是什么样子》,这个标题的巧妙之处在于前半句揭示了一个已经发生的事实,后半句留下悬念,从而激发读者的好奇心,促使他们主动点击内容,怀揣着疑问去寻找答案。

二是突出要点。众所周知,无论内容长短,作者总得取一个标题,让人在读完标题之后能够大致了解作者想要传递哪些信息。如果是过于普通的标题,要么很难让人记住,被海量的信息淹没,要么读后让人不知所云,无法抓住重点,干脆弃之不读。

与此相反,一个好的标题必须突出内容的关键要点或独特之处,在第一时间吸引读者的关注。比如,《独家揭秘:散户投资者稳定盈利的3个实用招数》,前半句强调了内容的独家性和神秘感,而后半句则会让读者觉得看完内容之后可以学到一些有用的投资高招。

三是树立品牌形象。一些写作者缺乏品牌意识,在他们看来,树立品牌形象都是企业的事情,似乎和个人无关。事实上,在流量时代,小小的个体也有可能产生巨大的社会影响力和商业价值。

对于写作者来说,我们必须树立品牌意识,从多个维度构建并完善自己的品牌形象。而独特的标题风格可以很好地反映个人品牌的调性和价值观。比如,著名作家王小波的文章标题往往能够以一种简洁、生动、独特的方式吸引读者的注意力,引发读者的思考,同时也展现出他对社会、人性、生活等方面的深刻洞察和独特见解,其代表作品《一只特立独行的猪》《黄金时代》《白银时代》《青铜时代》影响深远。

试想一下,如果一位写作者的标题长期保持简洁明了、富有创意等特征,读者会对这个品牌形成固有的印象,就算突然看到标题,还没打开内容,就会在第一时间想到作者是谁。换句话说,好标题可以提高品牌的曝光度，让更多的人了解、认识这个品牌。而在爆文创富的道路上，写作者可以通过在标题中巧妙地融入个人品牌名称、标志或口号等元素强化品牌形象和认知度，让商业价值得到更好地体现。

三、你为什么取不出好标题

如果把一些好标题进行分拆，我们会发现一个事实，整个取标题的过程似乎并不复杂。然而，让很多写作者苦恼的是，自己就是写不出让人眼前一亮的标题。那么，背后的原因是什么呢？通常有如下几个原因。

第一，没有明确的主题。有些人写文章有个最大的毛病，就是内容太杂乱，想表达的东西太多，没有明确的主题，导致很难提炼出一个简洁有力的标题。

要解决这个问题，就需要在动笔之前，先大致了解你的目标读者、文章的主题和期望达到的效果，这样就可以更好地围绕主题和目标读者来取标题。

第二，缺乏创新意识。很多作者取出来的标题过于平淡，与其思维方式过于传统、写作习惯和知识较为陈旧等密切相关。为此，写作者应该打开视野，除了阅读传统文化，还要多阅读和借鉴优秀的同行和自媒体的标题，同时进行知识和思维的更新，多掌握一些取标题的方法，增加标题的生动性和趣味性。

第三，生活阅历太少。有句话说得好，艺术来源于生活，又高于生活。虽然写作，尤其是商业写作，可能达不到艺术的高度，但同样需要作者拥有丰富的生活阅历及较长时间的从业经验。这就要求作者深入体验生活，并注意多从日常生活中得到灵感。如果只是呆坐书斋，对普通人的生活缺乏了解，想取出漂亮的标题，难度不小。

第四，对读者缺乏了解。写作者如果不了解目标读者的爱好、兴趣和痛点，写出来的标题基本是属于自嗨，自然很难激发读者的兴趣。反之，一旦你深入了解目标读者的需求所在，然后以此来构思标题，会大大激发读者的阅读兴趣，进而实现变现目标。

举个例子，目标读者希望得到理财方面的实际指导，但你的财经分析文章标题却取了一个诗歌式的标题。这种做法或许是一种创新，但大多数目标读者更喜欢直接一点的标题，诗歌式的标题过于晦涩难懂，容易让读者感到困惑不解，甚至看到标题就没有继续往下读的欲望，就算内容很真实，干货满满，依然可能被读者无情抛弃。

第五，基本功不扎实。很多人觉得写作没什么门槛，换自己来写，肯定比别人写得好。但真正让他们来写时，却发现情况并不简单，要么词不达意，要么逻辑混乱。其实，从会不会取标题来看，能够很好地体现出一个人的写作基本功是否扎实。要解决这个问题，并无捷径可走，只能老老实实从文字、结构、逻辑、修辞等多个方面全方位提升自己。唯有地基打牢了，才能安全修建起几百米的摩天大楼。反之，一旦地基不牢，就算三层小楼都有可能发生坍塌。

第六，思考的深度不够。经常有写作者向我抱怨，说他不怕写文章，就是怕取标题，原因是取标题太"烧脑"了。这种情况具有普遍性。我之前也很怕取标题，为了暂时躲避取标题的苦恼，我曾经喜欢先写完正文，再根据内容提炼出几个标题，并从精中选优。我发现，很多写作者不愿意在取标题这件事上花功夫，思考的深度不够，自然取不出让人喜欢的好标题。

　　事实上，要解决这个问题并不难。想想看，一篇几千字的文章甚至十几万字、二十万字的图书都能写出来，结合内容的主题和读者痛点问题，再用心思考下，取一个漂亮标题不过是小菜一碟。

　　总之，在快节奏的当下，一个好标题能够带来诸多好处，能发挥出巨大的威力，这一点是毋庸置疑的。

第二节 好标题的五大特征

细心的写作者可能已经发现,商业作品包括自媒体文章的标题,与传统文学作品的标题有所不同。比如,自媒体的标题字数可以长达三四十个字,甚至更多。如微信公众号的文章标题最大可达64个字符,而传统文学作品的标题通常在10个字符以内。

对于商业作品来说,标题的字数长短不是重点,核心在于如何做到准确、吸引人和取得良好的传播效果。很多内容平平的文章之所以能成为爆文,标题是关键。

要实现这个目标,肯定需要持续训练,不断总结。下面,我们先来了解好标题的五大特征。

一、好标题有哪些特征

在20多年的创作经历中,我曾经研究过各种各样的标题,而在媒体工作时,我也在苦苦钻研标题,也屡次获得过单位的好标题大奖。在我看来,好标题具有很多不同的特征,但至少有如下几点。

1. 准确

商业写作与其他题材的作品不同,其目的性、实用性和商业性较强,需要传递的信息有明确的指向性。因此,必须把准确放在首位。如果不准确,甚至是文不对题,即便辞藻华丽,也不会带来好的效果,甚至可能起到反作用。所谓准确,就是标题要能够概括内容的核心和主旨,不能产生歧义。

例如,一位小伙子在大城市已经站稳脚跟,且得到了一家大公司的高薪职位,但为了照顾家乡的父母,最后选择放弃在大城市的高薪酬和大好发展机会。那么,标题可取为《小伙毅然放弃大城市高薪职位,只为照顾年迈双亲》。

2. 冲击力强

无论我们所写的商业内容属于哪一个领域、面对的读者群体是谁,都需要取一个好标题。相对而言,冲击力强的标题更容易激发读者的阅读欲望,吸引别人读完内容。

一位老板创业20年,从身无分文,一路辛苦打拼,身价达到10亿元以上。多年来,他一直专注于企业的发展壮大,身边有不少人多次劝他将自己的成功经验分享出来,让更多的创业者受益,但都被他婉言谢绝。他总是谦虚地说,自己的企业还小,没什么可传授给大家的。后来,在妻子的劝说下,他的想法发生巨大改变,并开始在一些公开场合向创业者讲解和传授经营企业的做法。如果是平淡的标题,可以这样取:《创业20年,他的经营心法终于公开》。再看一个冲击力强的标题:《创业20年,身价10亿元,他为何突然公开成功秘诀》。

后面这个标题,"创业20年""身价10亿元"等是关键词,信息量很大,交代了文章主人公的背景。而"突然公开自己成功的秘诀"则勾起了读者一探究竟的强烈欲望。两相对比,后面的标题显然冲击力更强。

3. 朗朗上口

相信大家都有一个基本的生活经验，无论是打开电视、走进电梯，还是打开手机，我们很容易被一些朗朗上口的品牌广告所吸引，即便你并不喜欢这些广告，甚至觉得其粗俗和简单，但你已经不知不觉记住了广告词。如果广告词写得再优美一点，你肯定会暗自佩服文案人员。

早几年，天猫有一个广告语，我的印象特别深，"尚天猫就够了"。虽然这句广告词现在已经没用了，但写得很有水平。其中，"尚天猫"，意即崇尚天猫、时尚天猫，谐音"上天猫"；"就够了"，突出只需一个天猫购物网站就完全够用了。或许，这句广告词没有"上天猫，就购了"那么直接，但更有内涵，也朗朗上口，容易让人记住，不失为一个好标题。

4. 击中痛点

从心理学角度分析，人人都有好奇心，都有自己比较关心的事情。如果你的标题能够击中读者的痛点，自然更容易吸引读者点开标题、阅读全文，甚至主动转发分享给更多人。

一个普通的标题，如《访问100位企业家，总算明白坚持是成功的关键》。如果换一个角度，改成《遍访100位企业家，终于明白了他们成功的秘密》。第二个标题的前半句直截了当地说明了作者阅历丰富，付出了大量时间，去拜访数量庞大的企业家。至于到底明白了什么秘密，又留了一个悬念，读者肯定想继续读完全部内容。

5. 提供价值

一个好的标题能够让读者在阅读之后有所收获，了解内容的主旨和作者要传达的信息。如果过于平淡、提炼不够，就很难激发读者的阅读兴趣。

二、好标题的常见类型

前面，我们对于好标题"长啥样"和基本要求进行了分析，下面，我们来一起看一看好标题的常见类型。值得一提的是，这些常见类型可以很好地应用在商业写作之中，而且在网络爆文中经常看到，建议大家认真领悟。在实战写作中，结合不同内容，可灵活使用。

1. 悬念型

通过设置疑问或留下悬念，激发读者的好奇心，是取标题时最常用到的做法，而且效果非常不错。比如，《从今天起，记住这三点，你的人生或将从此转向》。利用"从今天起""记住这三点"等关键词制造悬念，引发读者的阅读兴趣。

2. 名人型

作为普通人，都想了解名家大咖是如何成功的，因此借助知名人物的观点或看法，能够增加内容的权威性和可信度，很好地满足读者的好奇心。比如，《×××成为一代商业传奇，他做对了什么？》。

3. 直白型

此类标题是直接点出内容的核心，简洁明了、不绕弯子、易于理解。比如，《全场5折，限时优惠，想要你就来》。读者看到标题，无需多想，立刻就能做出决定。

4. 提问式

此类标题采取提出问题的方式，引发读者深度思考，促使读者继续读完，以便找到答案。比如，《瘦身多年成效不佳，你真的清楚做错了什么吗》，这个标题会让读者心里咯噔一下，心想自己减肥效果确实很差，一定要看看到底是啥原因。

5. 数字型

在生活节奏越来越快的当下，人们更喜欢高效快捷地拿到结果，而数字型标题很好地满足了这个需求。比如《7天5招提升写作水平》，这是我在百家号和今日头条上的一个付费专栏标题，直截了当地告诉读者，订阅专栏能够达到什么样的效果。

6. 对比型

有对比才能找到差距。通过对比，引发读者的探索欲。比如《你和雷军，其实就差三个能力》。雷军是公众人物，是网红企业家，你和他差的到底是哪三个能力呢？读者自然很想往下阅读。

7. 干货型

此类标题是直接提供价值，不拖泥带水，解决读者的具体问题或传授新知识。比如，《老司机的忠告：打造个人IP应该这样干》。

8. 证明型

通过展示权威证据或真实案例来支持文章内容，增强专业性，更好地获得认同感。比如，《权威研究揭秘：做好这件事可大幅提升学习效率》。

9. 命令型

这种标题是直接给出指令，以不容置疑的强硬态度引导读者采取行动。比如，《从现在开始，三招提升你的生活质量》。

10. 共鸣型

此类标题主打感性色彩，很容易击中读者的软肋，引起回忆或情感上的共鸣。比如，《初恋，那段刻骨铭心的青春印记》。

以上几类常见标题各具特色，写作者可以结合自己的写作习惯、内容主题和目标读者的喜好进行组合使用，以达到最佳效果。与此同时，平日还应该养成随时收集好标题的习惯，进行模仿和创新，逐步成为取标题的高手。

三、取标题的四个误区

有句话叫作"过犹不及"，意思是说，做事一旦过度，也不妥当。取好标题也是如此，如果用力过猛，容易走入几个误区。

误区一：标题党。所谓标题党，是指用夸张的标题吸引人，但内容和标题关系不大，甚至严重失实。一旦成为标题党，看似得到了读者的关注，却严重损害作者的信用和专业性，透支读者的信任，引起反效果。

误区二：传播谣言。在流量时代，很多写作者为了制造眼球效应，获得流量收益，不惜故意制造或传播未经证实的消息或谣言。这种做法轻则给个人品牌带来负面影响，重则遭受法律制裁。

误区三：夹杂生僻字。部分写作者为了标新立异，故意在标题里夹杂一些生僻词或其他无用信息，让人读后云山雾罩，白白浪费时间，也容易失去继续阅读的欲望。

误区四：太多专业术语。在我服务过的作者之中，博士、教授等高学历人才较多，这类作者写文章有一个最大的特点，就是为了体现自己的专业性，特别喜欢使用大量专业术语，结果因为不够通俗和生动，导致非专业读者看不懂。

基于此，写作者要想取一个好标题，除了了解好标题的特征、掌握取标题的常用方法，还要避免走入误区，以免影响内容的传播效果。

第三节 取好标题的几个方法

相信任何一位写作者都想取好标题，但我们都知道"凡事预则立，不预则废"。如果不做好充分的准备，想要达到预期目标是很难的。尤其对于写作新人来说，应该提前做好一些基础工作。

一、取标题之前要做哪些必要准备

1. 具备扎实的文字功底

取好标题的高手，通常具有扎实的文字功底，这是硬基础。很难想象语句都写不通顺、逻辑思维很差和错漏百出的人，能够取出准确和吸引人的好标题。因此，把基本功练好了，对文字和修辞的把握更精准和灵活了，取标题的水平也会越来越高。

2. 做好心理准备

可能很多人会问，取个标题而已，心理上有啥准备的？如果你这样想，要么你已经是创作几百万字以上的是老作者了，要么是还没入门的小白。

新人总认为把内容写好就行，对标题的重要性认识不够。文章写完后，随便取个标题应付了事。殊不知，这种做法是对自己的不负责，也是对读者的不负责。

在还未成为高手之前,建议还是老实一点为好。记得前些年我刚进入报社工作时,社里每周都有关于如何取好标题的培训,培训老师是资深老编辑,或编辑部主任,甚至是社长。培训后,老师还要给我们布置任务。有时同一篇内容,我们会取五六个不同的标题,然后培训老师进行点评。正是这种严格的训练,让我不但在后面的工作中获得不少社里的好标题奖,也给自己的写作生涯带来了实实在在的帮助。

换句话说,你有一颗想取好标题的心,并认真付诸实施,不断钻研,就有可能收获满满,所写的内容也会被更多读者喜欢,并获得经济回报。反之,你取标题的能力始终无法提升,变现之路也会越走越窄。

3. 进行技术准备

所谓技术准备,是指要搜集和组织相关材料,确保有足够的信息来支持你的标题。这就要求内容翔实可靠,涉及研究、阅读相关文献、采访专家或进行实地调查等。如果你的内容不足以支撑标题,甚至与之毫不相干,就算标题很吸引人,也是不合格的,甚至沦为令人反感的标题党。

4. 提炼关键词

无论是一篇千字文章,还是一本几十万字的图书,都会涉及大量的信息。写作者必须具备一个能力:提炼关键词。因为你不可能让所有的重要内容都在标题里展现出来,既无必要,也放不下这么多字,因此提炼和浓缩关键词就显得尤为重要。

5. 必要的行业经验

一般来说，丰富的从业经历和行业知识是写作时能够取出好标题的重要基础之一。没有这些必要的历练，取出来的标题容易"假大空"，或者不接地气，或者让人看不懂，达不到理想的效果。

二、不同平台（载体）的好标题取法

随着科技的快速发展和自媒体的强势崛起，如今，发表作品的平台（载体）越来越多，这给无数热爱写作的人带来了更多变现创富的机会。不过，机会增多不代表每一位写作者都能赚到钱。一个尴尬的现实是，很多写作者并不了解不同平台（载体）的受众群体和各自的风格。事实上，这些平台（载体）对于内容和文章的标题要求是完全不同的。下面，我们一起来深入了解几个主要平台（载体）的标题制作要求和实用技巧。

1. 新闻媒体

新闻媒体可分成多种类型，比如报纸、杂志、电视、电台等。此类平台属于传统媒体，对标题的要求是严肃、正式和规范，突出权威性。以报纸为例，因为版面有限，需要用最精练的语言吸引读者，通常文章的标题要求简洁明了，一般 10 个字左右概括主要内容。基于此，报纸的标题力求突出重点，强调内容的核心要素。比如，《AI 接入生活将为我们带来什么》，让读者一眼就能抓住关键信息。

2. 社交媒体

社交媒体是一个统称，如果进行细分，还可以分成图文、视频等平台，而不同平台的标题风格差别其实是比较大的。

一是微博。由于微博的信息更新速度快，用户浏览时间短，因此要求标题简短有力，字数多在 15～20 字。另外，微博的内容突出热点和话题性，常常需要结合当下热门话题和流行趋势，以增加曝光度。所以，标题多使用具有情感冲击力的词汇，以引起用户的共鸣和分享。比如：《感动！无惧零下三十摄氏度，小伙勇救落水儿童》，这个标题极具冲击力，容易登上网络热搜。

二是微信公众号。微信公众号的标题需要有足够的吸引力，以及丰富的信息量和有效的关键词，以便更加符合平台推荐机制，确保在众多公众号文章中脱颖而出，字数通常在 20～30 字。一方面，这个长度能够较为完整地表达核心内容，又不会因过于冗长而让读者失去耐心。在手机屏幕上显示时，也不会因为太长而被截断，能较好地吸引读者的注意力。另一方面，这样的长度也便于突出关键信息和制造一定的悬念或吸引力，引导读者点击阅读文章。比如《这个方法竟然让我 10 天增重 5 斤，你想知道怎么做吗》，读者看到这个标题，第一感觉是作者本人亲测有效，自然想打开读完内容。

三是抖音。抖音平台的作品风格强调活泼、生动、富有感染力，因此需要使用一些流行语、感叹词、表情符号等，以增强标题的趣味性和吸引力。另外，因为抖音视频的标题需要在手机屏幕上快速吸引用户的注意力，不能过长，以免影响用户体验，字数不超 30 字为宜。比如，《笑抽了！这只肥猫的奇葩行为谁顶得住？》，读者看到这个标题，会迅速被"笑抽了""肥猫""奇葩行为""谁顶得住"等几个关键词吸引，于是主动点开作品。

3. 商业文章

对于大多数写作者来说，撰写高质量商业文章，无疑是变现创富的主要方向之一。然后，与文学作品不同的是，商业文章的目的性和针对性较强，受众群体特殊，因此其标题要求简洁、通俗、务实，强调生动性和互动性，所以应尽量使用生动易懂的词汇，避免过于复杂的文学化表达，以便快速传达核心信息。比如《2025年的八大热门创业项目，你知道多少》，看完这个标题，对创业感兴趣的读者会立即被吸引。

三、不容忽视的副标题

说到标题，很多写作者只关心主标题，或者说习惯于取主标题。事实上，副标题的作用也是不容忽视的。

所谓副标题，是对主标题的进一步解释和补充，是全文主旨的补充说明。它出现在主标题之后，用于提供更详细的信息，便于让读者更好地理解文章的主题和内容。

通常情况下，副标题有三大作用。

一是补充信息。当主标题无法完全概括文章内容时，副标题可以让文章的主题更加明确和全面，帮助读者获取更多的信息。

二是引导读者。当主题比较复杂时，副标题可以引导读者关注文章的重点，快速地了解文章想要表达的主旨。

三是强化效果。有时，作者想要传递更多的信息，采取正副标题相结合的方式，可以强化表达的效果。

2019年，我策划了一系列5G图书。其中，有一本书的书名，我和出版社反复讨论优化，最终确定为《5G金融：科技引领时代变革》。这本书的书名就是标准的主副题格式。其中，主标题"5G 金融"，表示这本书的主题是围绕 5G 如何影响和改造金融业而展开，而副标题"科技引领时代变革"，则是对主题的补充说明，即 5G 这个新科技将引领时代的变革。这本书上市后，市场表现不错，不但入选"中国好书月度榜单"，还卖出了繁体版权，在港澳地区出版，取得了叫好又叫座的效果。

第四节 实战案例：巧改标题，阅读量暴增

在人们的印象中，因为需要大量的阅读和深度思考，写作的人大多性格偏内向，但我却恰恰相反，平时很喜欢跟人交流。在我看来，与不同行业的人交流，能够从别人身上学到不少知识，获得新的认知。

因为性格外向的原因，除了喜欢与各行各业的人打交道，我对新生事物、新产品也比较感兴趣。我是较早的博客用户、微博用户和微信用户。在博客很火的时代，我的博客流量已经是千万级别，有几家权威财经报纸的编辑有时会等着我的博客更新，然后拿去编辑之后，刊发在第二天发行的报纸上。

虽然我不敢说自己是最早的自媒体博主，但肯定是比较早的一批。因此，我对于自媒体的发展历程、特点和规则还是比较了解的。下面，我们来了解和学习自媒体写作的特点，自媒体为写作者带来了哪些好处，以及具体的实战案例。

一、与传统写作相比，自媒体写作有哪些特点

对于传统写作，大家都不陌生。而自媒体的诞生不过 20 年左右，

高速发展阶段不过是最近几年的事情。自媒体的概念最早于2002年被提出。最初，国外学者称为媒体3.0，媒体1.0指的是传统媒体，媒体2.0是指借助于卫星实现的全球新闻信息收发和播放的新型媒体。此后，随着智能手机的普及，以及大数据、人工智能等科技的大面积应用，国内自媒体迎来了快速发展的黄金期。与传统写作不同，自媒体写作有几大显著特点。

1. 平民化和个性化

一般认为，传统写作是精英写作和专业化写作，而自媒体写作更倾向于平民化写作和个性化写作。自媒体的出现打破了专业门槛，让普通大众从读者身份转变为作者身份，每个人都能基于个人经验和视角进行个性化创作，这与传统媒体的固有体系形成了鲜明对比。

2. 内容更趋自由

传统写作的专业性较强，被划分为意识形态领域，要想公开发表作品，必须经过必要且严格的编辑和审核程序，确保内容的权威性和准确性。而自媒体的内容虽然也要遵循法律法规，但因为监管责任更多是自媒体平台，而平台出于商业目的，审核是相对宽松的，写作者可以更加轻松自由地表达观点，随时随地探讨各类话题，限制也少了很多。

3. 表现形式多样化

传统写作的呈现载体有限，主要有报纸、杂志、电视、电台等为数不多的几种，表现形式无外乎文字、图片、视频、声音等。而自媒体的表现形式极为丰富，包括文字、图片、音频、视频、直播等多种形式，如果再细化，视频还可以分为长视频和短视频。自媒体得益于表现形式的多样化，提供了更加丰富多元的体验感，吸引了数量庞大的创造者和消费者。

4. 互动性更强

前文提到过，传统写作是信息的单向传递，作者和读者之间几乎没有互动交流，作者是以一种俯视的角度看待读者。但自媒体写作则完全不同，更强调作者和读者的平等，互动性也更强，包括评论、分享、点赞等行为，使信息传播的速度更快、范围更广。

5. 传播范围更广

传统写作的作品传播范围和影响力严重受限于载体。比如，刊登在月发行量最高达到605万本的《读者》杂志上的一篇文章，与刊登在县城的一本文学杂志，影响力可以说是天壤之别，传统写作在传播的速度上通常较慢。比如，报纸有日报、周报或月报，杂志有周刊、月刊或季刊。而自媒体的传播具有速度极快、范围极广、去中心化等特点，一篇话题性很强的热点文章可能在几分钟或几个小时就会有几百万甚至上千万人阅读，成为妥妥的爆文。

6. 受众群体覆盖更广

传统写作的受众相对较为固定，基本是对文学或艺术感兴趣的特定群体，包括作家、诗人、艺术家、文学爱好者及有一定文学修养和审美要求的读者。而自媒体写作的受众更加广泛，几乎不限年龄和专业，大到古稀老人，小到几岁幼儿，同时也与性别无关，可以说能够全面覆盖各个年龄段和社会阶层。

7. 写作目的增多

传统写作主要承载着传播知识、思想、文化等功能，而自媒体写作除了包含传统写作的几个目的，还有表达自我、分享知识、创造价值、娱乐大众、打造IP、变现赚钱等更多的目的，而且侧重点也发生了很大的变化。

8. 角色发生变化

在传统写作过程中，作者更多是站在高处俯视读者，通常处于主导地位，他们的视角和观点决定了文章的内容和方向。在这种模式下，作者主要扮演信息提供者的角色，通过文字向读者传达自己的思想和观点，读者很难参与互动。而自媒体则体现出作者和读者的平等性。而且，因为可选择的内容和渠道较多，作者必须以读者的需求为中心，读者可以说是作者的衣食父母。同时，读者也可以通过评论、私信等方式表达自己的看法，与作者进行直接的交流。

自媒体时代的这种互动不仅增强了作者和读者之间的联系，也使作者的角色不再仅仅是信息的提供者，而是与读者进行思想交流和对话的伙伴。特别是商业作品，如果读者不喜欢，作品的商业价值就无法体现，变现也很难实现！

二、自媒体为普通人带来了什么

前文提到，传统写作是精英写作和专业写作。过去，从事写作的人要么是职业作家，要么是专业人士，要么是行业领袖。这些人通常被尊称为"笔杆子"，知识渊博，写作的门槛较高，普通人很难参与其中。自媒体的到来直接改变了很多人的命运，对很多职业也带来了巨大的冲击和深刻影响。

从实用主义出发，自媒体为普通人至少带来了六大好处。

1. 表达更加方便

过去，一个人想通过写作的方式向外界表达自己的思想，传播知识和资讯，能够实现的路径有限，除了投稿和公开刊发，似乎没有太多更好的方式。但在自媒体时代，普通人表达的机会太多了。理论上，只要不触碰法律法规和公序良俗，会识字和写字，人们可以不受限制地表达自己的想法和情感。

2. 重建社交网络

传统写作与读者的互动极少，而自媒体写作能够和读者在网络上建立更深层次的连接。通过评论、社群、互加好友等方式，可以轻松打破物理距离的阻隔，即便远隔重洋，只要志同道合，天南地北的人同样可以很方便地相互学习和成长，相当于重建和扩大了社交网络。

3. "扬名立万"成为可能

过去，写作者要想成名成家，唯有写出具有全国性影响的重要作品。如今，就算是普通人，只要你敢想肯干，创作的作品有创意和有价值，同样也能扬名立万，而且成名速度也比过去快得多。

4. 获得经济收益

传统写作获得经济收益的方式不多，基本以公开发表、出版图书或改编剧本的稿费为主。而自媒体写作不再受限于传统出版，作者可以随时发布内容，通过吸引粉丝，获得平台流量变现、广告合作、软文定制等多样化收入。

5. 扩展事业版图

俗话说，"是金子总会发光"。但问题是人生苦短，很多人直至走到生命的尽头也未能遇到自己的伯乐，只能空留遗憾。对传统写作来说，一个人要想利用才华获得领导重用或读者的认可，需要时间和运气。而自媒体为有才华和有想法的普通人提供了展示自我的舞台，如果你的作品够好，营销策略得当，成为知识网红或意见领袖并非遥不可及，事业版图也会得到扩展。

6. 打造个人 IP

对个人来说，通过图文、视频等方式，在读者心目中形成独特的人设或印象，就是个人 IP。一旦形成了独具特色的个人 IP，商业变现也会更加容易。在我身边，好几位普通人通过自媒体写作逐步成长为粉丝几十万乃至百万的网红博主，个人影响力越来越大，由此带来的收入也十分可观。

三、实战案例：好标题可让阅读量暴增

几年前，我以"首席情感师"（现已注销）为名，在一家自媒体平台注册了一个账号，内容以分析情感和婚恋的图文为主。在运作这个账号期间，我深刻感受到一个好标题带来的回报是惊人的！

记得有一篇文章，写完之后，我就像往常一样发上去了，但 12 个小时过去了，阅读量才 1000 左右。我仔细分析了内容，感觉内容有理有据，实用的干货也比较多。问题大概率是出在标题上。

原文的标题为《80 后夫妻冷战，原因找到了》。深入研究之后，感觉这个标题亮点不够突出，冲击力不强。随后，我把标题改为《80 后夫妻缘何长期冷战？5 大原因找到了》。标题修改后重新发表，没多久，系统算法开始进行多轮推荐。48 小时之后，这篇文章的阅读量超过 180000，500 多人分享转发，评论 100 多条，相比原标题，阅读量暴增 180 倍，单篇收益 600 多元。

对比原标题来看，改后的标题有两个地方比较抢眼。一是"缘何长

期冷战？"二是直接点出有"5大原因"。对于新标题，系统识别到并进入流量池进行推荐，而读者看到后，觉得内容不错，纷纷主动分享给其他人，外加评论，系统由此认定是优质内容，继续推荐进入更大的流量池，如此反复，形成正向刺激效应。

从这个案例中可以看到，在自媒体时代，一个精心打磨的好标题，配合高质量的内容，很容易让原本无人问津的文章成为爆文，由此获得较好的经济效益。

爆文创富小案例

@向荣写作是一位资深网文小说签约作家，在繁忙的工作之余，他也在做自媒体。平时，我们的互动交流比较多。从我了解的情况来看，除了是一名厉害的网络写手，@向荣写作对于标题的研究很深，而且具有丰富的实操经验。

有时，一篇文章或一个视频制作完成后，他会取三四个标题，发给我一起交流探讨，直到满意才正式发布出来。正是这种精益求精的探索精神，让他在短视频方面频出爆款，商业变现也做得有声有色！

2022年1月18日，@向荣写作在哔哩哔哩平台发布的一条短视频内容，阅读量超过330万，评论超过3000条，收藏超过1.3万，涨粉逾5000多人，流量收益达到1000多元。

这条视频为何如此火爆？仔细分析之后，我们会发现，标题《写网文小说三年近600万字，基本吃全勤，有坚持下去的必要吗》发挥出巨大的威力。如果对这个三段式标题进行深度拆解，可以看到3个厉害之处！

第一，直击读者痛点。众所周知，如今的网文市场竞争激烈。权威数据显示，我国网络写手已经超过2400万人，但不容忽视的一个现实是，除了极少数作者，绝大多数网文写手的收入较低，月收入不到3000元。为此，这个数量庞大的网络写作群体苦恼不已。而标题中的"写网文小说三年近600万字""基本吃全勤"等关键词真实呈现了网络写手群体普遍的生存现状，从而引发群体情绪共鸣。

第二，巧妙使用数据。我们在前面提到，在信息大爆炸时代，人们的生活和工作节奏很快，而数字型标题因为能快速获取读者想要的有用信息，所以更容易受到读者的欢迎。而"写网文小说三年近600万字"，让读者产生强烈的代入感，进而忍不住点击观看，积极参与评论，并主动分享给其他人。

第三，提出实操建议。商业写作特别是爆文写作，作者能够提供有用有料的实操建议显得至关重要。@向荣写作本身是资深网文作者，对网文写作的行业现状、写作技巧、写手面临的困境等比较熟悉，其提出的建议极具合理性和可操作性，因而得到无数读者的认同和大量转发。

总之，一个好标题带来的效果是巨大的，对于写作者来说，要取出漂亮的好标题并非遥不可及。从这个案例可以看出，只要用心思考、潜心打磨、持续训练，假以时日，你一样可以成为令人佩服的标题高手！

第五章
结构：豹头凤尾有讲究

元代陶宗仪有云："作乐府亦有法，曰凤头、猪肚、豹尾六字是也。"意即作乐府诗[①]时，起头要漂亮，中部要浩荡，结尾要响亮。虽然现在已经不流行乐府诗，但写作仍需的"凤头、猪肚、豹尾"六字箴言已经深入人心。对商业写作来说，科学合理的文章结构是比较重要的。其中，一个好的开头能够激发读者继续阅读的兴趣，而含金量十足的内容可以让读者获得价值或实质性帮助，简洁有力的结尾则可以促使读者下定付费的决心。开头、内容和结尾三大部分各司其职、相互映衬，最终达到作者想要的效果，并催生出受人欢迎且含金量较高的流行爆文。

---

① 乐府诗是一种古代诗歌形式，起源于汉代，由朝廷设立的乐府机构搜集、整理并配乐，用于朝廷祭祀或宴会时的演唱。

第一节　好的开头激发读者兴趣

在日常生活中，当一个男人与陌生女人约会时，无不期待给对方留下完美的第一印象。为了达到目的，那么他在出门之前通常会认真打扮一番，力求让自己变得更帅气和更精神一点。

同样的道理，在日常阅读时，我们首先会看一看标题是否吸引人，然后才阅读一篇文章的开头，而开头是初步接触内容的关键一环，重要性不言而喻。一个好的开头能够快速吸引读者的目光，激发阅读兴趣，而平淡无奇的开头会直接影响继续读下去的欲望。

一、"凤头""猪肚""豹尾"是什么意思

对于写作的开头、中部和结尾，古人有"凤头、猪肚、豹尾"一说。这句话是一个比喻，主要用来形容文章或作品的理想结构。

所谓"凤头"，是指文章的开头应该像凤凰的头部一样美丽，即开头部分应该精彩夺人，能够迅速抓住读者的注意力，激发读者继续往下阅读的兴趣；"猪肚"则比喻文章的中部，应该像猪的肚子一样充实、丰富和有货；而"豹尾"主要指文章的结尾应该像豹子的尾巴那样有力。

对于商业文章来说，就算不一定严格讲究"凤头、猪肚、豹尾"，但掌握了相关知识和技巧，对于写出漂亮实用的干货内容，实现变现的目标仍然至关重要。

二、好的开头有哪些作用

如今，越来越多的写作者已经认识到，除了内容本身具有价值，一个好的开头极其重要，因为开头是读者在看了标题之后，第一个展示给读者的内容，位于第二重要的位置。如果说标题是门脸，已经把读者吸引过来了，让读者初步下决心继续阅读，而开头则是这种决心的再确认。如果确认成功，那么读者会继续往下读完全文，而更多读者被开头吸引之后，这篇文章已经有了成为爆文的潜力。如果开头不好，读者也就没有读完全文的欲望，甚至对作者的水平产生怀疑。

那么，文章开头的主要作用到底有哪些呢？下面我们进行一一解析。

1. 激发首因效应

首因效应，也称首次效应或第一印象效应，由美国心理学家洛钦斯提出，主要是指在人际交往中第一次见面时形成的印象对后续交往关系的影响。这种效应强调了第一次见面的重要性，它不仅影响对一个人的初步评价，而且对未来的交往和双方的关系有着深远的影响。

对于写作者来说，必须了解和重视首因效应，即在写作过程中可通过设置悬念、提出问题或使用引人注意的描述，引起读者的好奇心，促使他们继续阅读。如果文章的开头能够激发读者的首因效应，也就成功了一半。反之，则预示着某种失败。

2. 开篇点题

在快节奏的当下,人们处于信息过量的环境中,大多数人阅读只能是利用碎片化时间。因此,如果你的内容开头不能很好地揭示文章的中心思想或主题,帮助读者迅速理解文章的核心内容,就算是很有价值的内容,也极有可能被人弃之不读。相反,一个漂亮的开头能够迅速吸引读者的注意力,激发读者的阅读兴趣,并为阅读后续内容奠定坚实基础。

3. 统领全文

一般情况下,无论是一篇文章,还是一本图书,都会有明确的内容主题。一个好的开头可揭示和概括内容主旨,让读者有一个大致的预估和判断,从而节约阅读时间、提升阅读效率。

4. 确立基调

在开头部分,通过特定的词汇、氛围描写或情感表达,比如喜、怒、哀、乐等感情色彩的设定,可为整篇文章定下基调。比如,一篇武侠故事的开头就写月黑风高、飞沙走石,那么读者就会马上感到整个故事的基调具有紧张、神秘、悬疑或恐怖等气氛。

5. 巧埋伏笔

有经验的写作者会在开头部分故意设置一些线索或未解之谜,为后续情节的发展埋下伏笔,以便增加文章的连贯性和吸引力,引领读者一步一步跟着故事情节继续探索。

6. 塑造调性

如果说标题太短,无法很好地展示写作者的才华和个性,那么,一个个性化十足的开头,可以充分彰显写作者的写作风格和文学功底,提升个人的辨识度和 IP 化标签。

7. 增加生动性

一个平淡或生涩的开头可能会影响读者继续阅读的欲望，而一个有趣的开头则可以增强阅读的流畅度，提升阅读体验和生动性，使文章获得更广泛的传播。可别小看了文章的生动性，它直接关系到读者对内容能否理解到位和保持阅读兴趣。而生动性的关键在于细节处理和态度真诚，特别是开头部分，如果能快速触动读者内心最柔软的部分，也就成功了一小半。

总之，好的开头是成功的关键因素之一，它不仅能够激发读者的兴趣，还能为读者体验打下坚实的基础，获得更多的关注和传播。

三、好开头的常见类型

在实战写作中，好的文章开头有很多种类型。写作者可根据不同体裁和环境，灵活使用其中一两种或多种类型组合，让自己的内容得到更多读者的喜欢。以下是常见的几种开头类型。

1. 悬念式

悬念式开头旨在通过在文章或故事的开始设置未解答的问题、神秘的情境或出乎意料的陈述来激发读者的好奇心和探索欲。比如，在撰写一篇有关某明星大腕的文章时，开头部分用几句简短的话点出主角不为人知的成长故事或童年轶事，会极大地提升读者的阅读兴趣。

2. 场景式

场景式指的是通过描述一个具体的场景来引入主题或展开内容。这种开头方式能够营造出立体的画面感，让读者仿佛置身其中。比如下面这段场景描述：

清晨，和煦的阳光透过窗帘洒在地板上。牛兵斜靠在皮质座椅上，浓郁的咖啡香气与跳动的股票代码交织在一起。他的嘴角露出微笑，电脑上不停闪动的 K 线走势，仿佛是他最喜欢的乐谱……

通过几句简短的描写，一个老股民的形象立即出现在读者眼前，并产生强烈的代入感。

3. 提问式

提问式开头是指通过提出问题来吸引读者的注意力，激发读者的好奇心，从而鼓励读者继续阅读。比如，我们想写一篇探讨阅读率低的文章，可以这样开头："你有无思考过，相同的题材和内容，为何你写出来的文章，阅读者寥寥无几，而别人动辄 10 万＋？其实，差距就隐藏在这个细节之中。"这种开头别具一格，可以立即引发有着同样遭遇的人继续阅读，探究背后的原因和解决办法。

4. 互动式

互动式开头是指在文章开头提出问题并鼓励读者积极思考，从而增加读者的互动性。比如，作者想写一个关于农村生活的故事，为了激发读者的兴趣，可这样开头："先问问大家，你们下田插过秧吗？你们放过牛吗？你们在溪流中翻过螃蟹吗？你们被眼镜蛇追击过吗……"无论读者是否有过此类经历，都会对农村的生活场景产生共鸣或充满期待。

5. 数据式

数据式开头主要指引用一些具体的数据来引出文章的主题或论点。这种方式能够直观地展示问题的现状、趋势或严重性，从而吸引读者的注意力并增强文章的说服力。比如，"近日，民政部发布 2024 年二季度民政统计数据，显示 2024 年上半年全国结婚登记对数仅为 343 万对，与上年同期的 392.8 万对相比，减少了 49.8 万对。按照往年规律推算，预计 2024 年全年结婚登记对数可能约为 660 万对，这将是自 1980 年以来的最低值。"通过这几组数据，可以看出当前我国的结婚登记对数直线下滑，进而吸引读者读完全文。

6. 反差式

反差式开头旨在通过对比或反差，巧妙传达核心信息或主题，在心理上给读者带来强烈的冲击。比如，"为了这次高考，我放弃了所有爱好，熬更守夜准备了三年，但我却没有考上大学。"读者在读完这段话之后，肯定很想知道为什么如此努力却没有考上大学，原因是什么。

7. 名言式

在实战中，引用与内容相关的名言或谚语开头，可以增加文章的文采和权威性，迅速点明主题，并快速吸引读者的注意力，引发情感共鸣。比如，如果我们写一篇关于市场经济的文章，可以用中国近代思想家、政治家、教育家、史学家、文学家梁启超的名言开头："今日之竞争，不在腕力而在脑力，不在沙场而在市场。"

8. 抒情式

抒情式开头虽然在商业作品中不算很多，但偶尔也能看到，而且这种感性的文风与理性冷静的开头相比，能产生一种特别的效果。

值得一提的是，好文章的开头类型还有很多，以上几种只是较为常见而已。事实上，在长期的实战过程中，写作者应该养成不断总结和思考的习惯，尝试采用新的开头方式，力求让文章的第一句就能抓住读者的心。

第二节　如何让内容含金量十足

每次受邀到机构或大学做分享时,我都反复强调,写文章,尤其是写商业文章,作者一定要想办法提升内容的含金量。含金量越高的内容,越具商业价值,也越容易受到目标读者的欢迎,同时更有可能成为爆文。

在第二章第二节中,我们探讨了写出有价值的内容的几个基本做法,在本节内容里,我们来侧重分析让内容变得含金量十足的一些具体步骤。

一、准确理解内容含金量

含金量,原意为金首饰、黄金制品等金属中"金"的含量(质量),用 K 表示,每 K 含金量为 4.166%。后来,人们引申这一概念,用于形容某一事物的内在质量和价值。

对于写作来说,含金量是评价写作质量高低的一种形象说法,主要指文章或作品有信息、有价值、有深度和有思想。

具体来说,写作内容含金量足体现在以下几个方面。

1. 有信息

当作品能够提供大量准确、翔实和有用的信息,很好地满足读者的某种需求,甚至让读者学到了很多新知识,即被认为是有信息。

2. 有价值

这里的价值既包含实用价值，也包含情绪价值，就是作者写出来的内容有深入的思考和独到的见解，提出了新颖的观点或解决方案，让读者觉得有用，阅读起来心情也很愉悦。

3. 有深度

有深度主要指作者在分析问题、剖析原因、解决问题等方面层次很深、很细和专业，直达问题的核心和本质，而不浮于表面。

4. 有思想

文章的思想性主要体现在作者讨论某个问题时能够提出独特且合理的个人见解，而不是人云亦云，更不是简单地陈述事实或纯粹进行情感宣泄。此外，有思想的内容还能启发读者，帮助读者打开思维的阀门。

事实上，对于想通过写作变现的内容而言，含金量高的内容一定要做到权威、专业、可靠、深度和实用。全面而准确理解含金量足的深刻内涵，写作者就能围绕上面的几个关键词，有针对性地创作出高质量的内容。

二、内容含金量的重要性

最近几年，随着自媒体和知识付费等行业的快速发展，内容含金量越来越重要，特别是在知识付费、证书认证、教育培训、学术研究及文化和知识传播等方面。

1. 知识付费

2016年，被认为是知识付费的元年。最近几年，知识付费发展较快。据权威机构数据显示，2022年中国知识付费市场规模达1326.5亿元，较2015年增长约80倍，预计2025年市场规模将达3808.8亿元。事实上，商业写作与知识付费有诸多重叠。在知识付费市场上，内容含金量的高低是决定产品价值和吸引力的关键。尤其是对于付费专栏、在线课程、音频讲座、电子书等内容，作者提供的内容必须是有价值、实用且有深度的，用户才会为之付费。

2. 证书认证

如今，面对白热化的职场竞争，考证已经成为时代潮流，不少在校大学生未出校门就已经手握一大堆证书，而不少上班族也在工作之余拼命考证。不过，现在各种考级证书比较多，考完之后是否有用，就要看证书的含金量了。在教育和职业资格认证领域，如注册会计师（CPA）、特许金融分析师（CFA）、法律职业资格等，证书的含金量直接关系到其在行业内的认可度、考试难度及对个人职业发展的实际帮助。含金量高的证书往往要求严格，通过率低，但能给持证人带来显著的职业优势和较好的经济回报。

3. 教育培训

为了提升综合竞争力，市场上的各种教育培训机构也比较多。无论是线上还是线下教育，内容和师资的含金量决定了教育质量。含金量高的培训能够确保学员掌握实用、前沿的知识，从而提升学习效果和就业竞争力。

4. 学术研究

在学术界，内容含金量主要指研究的深度、创新性和对学术领域的贡献。高质量的学术论文和研究成果，能够提供新的见解、理论或实证数据，显著提升研究的可见度和引用率，增强研究者的学术声誉，对学科发展也有显著推动作用。

5. 文化和知识传播

在文化和知识传播方面，如个人或团队制作的科普节目、历史纪录片等，高质量的内容同样重要，能够给消费者带来有趣的知识，包括一些平时了解不到的新知识，拓展其视野，提升其人文素养。

总而言之，内容含金量的高低是衡量知识、教育、文化产品价值的关键因素，直接关系到用户体验和付费意愿。

三、六个步骤提升内容含金量

作为商业写作者，无不希望辛苦创作的内容含金量更高，得到更多读者的喜欢并获得更多的经济回报。但美好的愿望是需要过硬的实力作为支撑的。要想让内容更具含金量，建议做好如下几个步骤。

1. 夯实基础写作能力

无论是图文还是视频内容，都需要扎实的写作基本功。如果让你写一篇千字文都错漏百出，就算有再好的创意，也结不出香甜的硕果。因此，持续训练，将写作融入日常生活并变成良好习惯，是提升内容质量的基础。在此基础上，才能谈到创新的问题。在此过程中，需要对写作进行系统性训练，提升观察力和想象力，掌握基本的写作技巧和方法，并努力构建起适合自己的写作体系。

2. 确保资料准确可靠

要想让内容质量高、有价值，肯定得尽量采用准确可靠的资料。如果你采用的资料都是转过几手的，甚至是不准确的，可能就会谬以千里。因此，我们在收集资料时务必拿到一手资料，比如原始研究资料、论文、讲话稿、会议记录等。根据个人长期积累的写作经验，建议从政府官网、权威官媒、正规出版物、专业机构等渠道获取资料，因为很多人不擅长和不愿意求证，所以尽量不引用自媒体或个人网站的信息。另外，拿到资料时先进行初步分析，有疑惑的地方，继续查找其他资料进行交叉验证，或请教行业专家。

3. 解决小众用户的难题

在信息大爆炸时代，对很多常见领域的问题基本都有人提出了较完美的解决方案。此时，写作者可在一些自媒体平台观察网友的留言和评论，收集那些小众化、别人不太关注的难题，然后独辟蹊径，采取小切口的方式，为小众用户提供独特的解决方案，增加内容的独特性和新颖性。

事实上，重视小众用户的策略有助于作者提出独特的视角和观点，避免与大众内容同质化。通过深入研究小众用户的需求和偏好，更容易吸引有特殊需求的读者，积累忠实的铁粉。

著名互联网预言大师凯文·凯利曾提出一个概念，叫作1000个铁粉理论，即如果一个创作者能够拥有1000名忠实的粉丝，这些粉丝几乎会购买他所有的作品。在这些粉丝的支持下，创作者会生活得不错。

4. 不断挑战自我

写作是一辈子的事情，也是一个不断挑战自我、持续精进的过程。不管现在的你是新人，还是已经取得了一些成绩，一个优秀的写作者应该不断尝试新事物和高难度任务，包括拓展新的写作风格，涉足新的写作领域，一步步将经验和教训转化为有价值的内容。从现实的角度出发，当写作者不断进步时，社会影响力和忠实粉丝也在持续增加，作品也会传递给更多人，收入也会得到逐步提升。

5. 提升专业技能

一般来说，一位创作者能够为读者提供有价值的内容，前提一定是比读者更厉害。特别是在专业性很强的领域，创作者的专业知识、技能和经验要远超读者，才能得到更多人的认可和信任。比如，在投资理财领域，创作者最好是对经济、金融、股票、基金、黄金、外汇等相关领域的知识了解较深，这样写出来的东西才不至于出现低级错误，更具可参考性，读者也愿意付费。

这些年，在我的合作者中，就有很多这样的专业人士。比如，知名财经作家、财经博主郭施亮，他创作的大量财经文章及撰写的《秒懂投资》《极简财富学》等财经图书，涉及投资理财的很多细分领域。如果研究不深入、质量不高，是不可能得到全网140多万粉丝信任和喜欢的。

6. 力争真实诚信

当然，再聪明厉害的人，时间都是有限的，根本不可能做到样样精通，什么都懂。对此，我们要有清醒认识。不过，只要写作者保持认真的创作态度，确保内容的真实性，不夸大其词，真诚对待目标读者，正视和承认自己的短处和不足，读者也是可以理解的，而且这种谦虚的做法更容易获得读者的信任。尤其是在人与人之间缺乏信任的情况下，真实和讲诚信会被读者视为一种珍贵的品质，而这种品质会在作品中得到很好的体现。

很显然，考虑到个体差异和习惯不同，提升内容质量的方法肯定不止以上几种，还有很多。但对于大多数作者来说，只要把以上几个做法领悟透彻并执行到位，一定可以大幅提升内容的含金量，使其更具商业价值、影响力和吸引力，成为爆文的可能性更大，变现效果也会更好。

第三节　结尾决定读者是否付费

在本章第一节，我们已经谈到，文章的豹尾是指文章的结尾应该像豹子的尾巴那样有力。在日常写作中，每篇文章应该努力追求豹尾，即结尾应当简练、有力、给人留下深刻印象。

一个好的结尾至关重要，不仅能够总结全文，强化文章的中心思想，首尾呼应，大幅提升文章的整体效果，最关键的一点，对于商业写作来说，文章结尾会对读者的付费意愿产生直接影响。只不过，很多写作者更多把精力放在如何取标题和主题内容上，有意无意地忽视了结尾的重要性。

一、结尾直接影响读者的付费意愿

一篇文章的结尾会不会影响读者的付费意愿，对此，可能每个人的看法不一。我认为，文章结尾确实会直接影响读者的付费意愿，原因如下。

1. 激发价值认同

在实战中，如果一篇文章的结尾能够触动读者的神经，引发共鸣，得到价值认同，读者大概率会直接为内容付费。例如，一个漂亮的结尾，相当于给读者带来深刻的启示或顿悟，相当于让读者对内容的价值在结尾时再次进行确认，进而促成付费，达到临门一脚的效果。

2. 故意留下悬念

大家看电视连续剧时，肯定都有一个强烈的感受，就是每到精彩部分就戛然而止，留下很多悬念。观众在唉声叹气之余，对下一集也充满期待。其实，这是编剧惯用的策略，目的是留下悬念，提高收视率。在商业写作中，付费订阅或付费专栏也经常采取这种结尾方式，故意留下一些悬念，为了获得更完整和更精彩的内容，部分读者就会选择付费。当然，并不是每个读者都喜欢这种方式，但一百位读者中有一两位买单，就说明这个策略是成功的。

3. 满足情绪需求

读者阅读文章，除了获取知识和信息，更多是能得到一种情绪的满足。如果一个好的结尾能够给读者带来满足感和幸福感，让他觉得花时间阅读是值得的，为文章付费就是顺理成章的事情。反之，如果内容和结尾无法吸引读者，甚至引发反感，别说付费，免费阅读都会让人觉得浪费时间。

4. 良好的用户体验

在知识付费和商业写作领域，读者通常会阅读部分内容或者全文之后才会决定是否付费。而在文章结尾时，恰当的付费提示尤为关键。如果这种提示设计巧妙，价格不高，操作便捷，阅读体验较好，读者极有可能立即选择付费。

5. 建立信任感

读者在阅读内容时，如果对作者产生较高的信任，也更愿意为文章付费。尤其是当读者认为作者能够持续提供高质量的内容时，品牌的忠诚度就会得到确立，而在读完一篇内容时，结尾是建立信任和确立付费意愿的最后机会。

二、好结尾的五大作用

通常情况下，一个巧妙、漂亮的好结尾至少可以发挥五大作用。

1. 呼应开头

其实，无论是演讲还是写作，一个好的结尾能够与开头遥相呼应，形成闭环，让文章的结构更加紧凑和完整。而首尾相连的设计能够增强文章的逻辑性、统一性和完整性。此外，好结尾还能够让读者有一种圆满感，体验感更好。

2. 强化主题

通常来说，结尾是强化或升华文章主题的绝佳机会。比如，通过富有哲理的语言或总结性陈述，哪怕只有短短的几句话，能够让读者对文章的主题有更深刻的理解和感悟，从而达到强化主题的效果。

3. 引发思考

人是高等级情感动物，具有强大的思考能力，一个漂亮的结尾能够激发读者的深层次思考，留下更多的想象空间，从而让文章带来的价值超越文本自身。比如，在学术论文或研究报告的结尾部分，作者提出新的研究方向或建议，鼓励读者继续探索，可能激发他们对该领域的未来发展产生兴趣，进而探索出新的研究成果，对整个社会和行业发展做出新的贡献。

4. 促进互动

在移动互联时代,如果是网络文章,策略性的结尾能够鼓励读者评论留言,提出自己的看法,增加作者与读者的良性互动。比如,作者在文末以"本文到此结束,读者朋友如有想法,欢迎留言交流"作为结尾,读者可能采取留言或私信的方式发表自己的看法,而读者的看法有可能反过来给作者提供新的启示,让作者撰写出高质量的新内容。

5. 画龙点睛

好的结尾可以起到画龙点睛的作用,通过精炼的语句或深刻的见解,使文章的意义得到升华,让读者在读完文章后能够产生新的思考、获得新的知识。比如,"在快节奏的当下,我们每个人都会遇到困难和挫折,但请记住,只要梦想不灭、精神不倒,我们终会看到胜利的曙光。"这个结尾给人以强大的力量,有画龙点睛的效果!

三、如何写出漂亮的"豹尾"

写作者自然都希望写出漂亮的"豹尾"。事实上,要做到这一点并不难。只要掌握一些策略和技巧,持续反复练习,是完全可以做到的。以下是几种有效的方法。

1. 画龙点睛法

在我国的传统文化和艺术领域,人们常常提到"画龙点睛"这个成语,出处是梁代画家张僧繇在金陵安乐寺画四条龙而不点睛,最终在为其中两条龙点上眼睛后,它们破壁飞向天空的神话故事。后来,画龙点睛多比喻在写文章或讲话时,在关键处点明实质或加一两句精彩的话,使内容更加生动有力。

对于写作而言，在文章结尾简洁地总结核心观点，可突出内容的主题，起到画龙点睛的神奇妙用。

2. 首尾呼应法

首尾呼应法是在写作和演讲中经常用到的方法。具体做法是除了在开头对文章主旨进行点题，结尾时再进行深化或升华，形成闭环，帮助读者加深印象。

3. 名言金句法

一般来说，人们对地位崇高，社会影响力大的名人大咖天生就有一种认同感。因此，在结尾时结合内容主题，巧妙引用名言和金句，能够更好地触动人心，让人回味无穷。

4. 行动刺激法

很多人看的书不可谓不多，但就是看完就忘，见不到实质性成效。一方面，与阅读者思考度不够有关；另一方面，也与作者未能进行适度刺激有关。

事实上，如果在内容结尾时，用一些本人或他人的实际行动和取得的效果进行激励，会让读者展开行动。比如，一位减肥成功的作者写了一篇减肥技巧的文章，内容的实用价值很高，但这样的内容比较多，读者看后可能很快丢在一旁。如果在结尾时，加上一句"本人6个月减重20斤，像我一样使用本文方法，神奇也将发生在你身上"，读者大概率会跃跃欲试。因为你用实际行动取得了显著效果，而不是光讲理论。

5. 情感共鸣法

人都有七情六欲，在写作时，我们总会涉及亲情、友情、爱情等主题，在结尾时，通过真诚的情感表达或细节描写，可以引发读者情感共鸣。不过，需要注意的是，情感的表达最好是真实的，千万不要为了煽情而进行虚假叙事，否则只会适得其反。

6. 开放式结局法

这种做法的特点是在文章的结尾不给出明确的结论，而是留下一定的想象空间，让读者根据自己的理解和想象填充这个结局，提升读者的参与感。比如，在武侠小说的创作中，作者写到两大绝世高手是多年未见的仇人，如今终于碰面，二话不说，立即展开一场殊死搏斗，但对搏斗的结果却只字不提。对此，不同的读者就会发挥自己的想象，为这次搏斗设定出不同的结局。

7. 展望未来法

一篇文章在结尾时采取展望未来的方式鼓舞人心和激发人的斗志，这是在写作和演讲中经常使用的技巧，这种结尾方式旨在鼓励读者保持积极向上的态度，勇于面对困难和挑战。比如，当股市行情不振时，投资者普遍情绪低落、信心缺失。为了给投资者加油打气，作者可以在文章结尾这样写："展望未来，在国家政策的强力护航下，伴随着经济稳步复苏，熊市终将离去，牛市必将到来！"

总而言之，写出精彩的结尾并不复杂，只要不断总结经验和教训，勤于思考，普通人完全可以写出漂亮的结尾，让整篇文章的主题更加突出、结构更加完整，并展现出独特的个性。如此一来，精心创作的文章更容易受到读者欢迎，并让读者在开心付费之后获得良好的阅读体验。对于写作者来说，通过写作创富的目标也就有了实现的可能。

> **爆文创富小案例**

@垃圾分类咨询是一个受众群体较为小众的公众号，作者兰亚军现任中国再生资源回收利用协会两网融合专业委员会执行主任、贵阳市再生资源行业协会副会长等职，是我国垃圾分类行业的资深专家。自2017年起，他正式转型做垃圾分类研究和咨询，曾给银川、南宁、贵阳、上海、长沙、武汉等多地政府相关部门及企业做垃圾分类相关的规划、方案及运营咨询，并在媒体上发表了不少专业文章。

在人们的传统思维中，虽然我们每天都在产生垃圾，但真正关注的人不多，按理这种关注度不高的小众领域似乎很难与爆文产生关系。但是，兰亚军却用一个个真实的例子告诉大家，只要内容有干货、有价值，依然能得到读者的高度认同。

2024年1月11日，@垃圾分类咨询在公众号上发布《垃圾分类：社区居委会成立了社会企业》一文，这篇文章的阅读达到17000。虽然这个数据不能与娱乐、时政等领域动辄10万+，甚至百万的阅读量相提并论，但依然算是行业爆款。

从结构设计上来分析这篇文章，我们可以看到两个值得借鉴的地方。

第一，开头激发读者兴趣。在这篇文章中，作者开宗明义，标题和开头均直接点题：《垃圾分类：社区居委会成立了社会企业》。普通读者对于社区居委会成立了社会企业可能没什么概念，但作为专业公号，其读者和粉丝均为垃圾分类行业的监管者、从业者和研究者。对他们来说，这篇文章提供了一个大家可能并未关注到但较为重要的行业动态。

第二，内容有料、有干货。前面我们说过，写作者要想让内容含金量十足，必须努力做到有价值和有深度。而《垃圾分类：社区居委会成立了社会企业》一文提到，"2018年，在成都市武侯区委社治委和有关部门的指导下，黉（hong）门街社区成立了成都首家社区公司。2019年，黉门宜邻被认定为成都市社会企业。"在大家的印象里，社区居委会是政府的基层组织，是政府管理的"末梢神经"，是政府财政全额拨款的单位，怎么会自己组建公司呢？而且，居委会书记还担任董事长，居委会主任担任总经理！可谓颠覆了大家已有的认知。这件事，连作者这个行业专家都觉得新奇，读者自然很想看一看他的专业解读。

在这篇文章中，作者除了对居委会成立社区社会企业背后的原因和需求进行了分析，还普及了社会企业的概念。通俗来说，社会企业就是利用商业的手段解决社会问题，是一种介于商业企业和NGO组织之间的机构。

从以上分析来看，@垃圾分类咨询的这篇文章虽然字数不多，但读后能让人获得新知识和新资讯，并且还在结尾使用了开放结局法，让整篇文章有了一定的含金量，因而获得了600多人次的转发。

第六章
内容：有料、有趣、有价值

如果说一个好的标题是内容的门脸，是追求形式的完美，那么内容质量的高低则是关键中的关键。在当前工作节奏越来越快的大背景下，写作者创作的内容有无价值，能否解决读者的痛点问题或带来实际帮助，是写作变现乃至致富的根本。基于此，写作者应该不断尝试并逐步形成自己的独特风格，成为既专又杂的高手，努力提升作品的可读性，持续满足读者的个性化需求，这是写出爆文并实现创富目标的不二法宝。

第一节　什么样的内容更吸引人

相信很多写作者都遇到过一个普遍存在的困惑，就是自己花费很多时间写出来的作品要么干瘪无味，要么过于专业，很难让人读下去。换句话说，就是内容不吸引人。

说实话，多年前，我也遇到过这个问题。当时，我认为自己的散文写得还不错，无论是在逻辑、修辞、比喻等方面都掌握到位，文章的表现力和感染力很强。但当我撰写其他类型的文章时，发现读起来不那么舒服，甚至出现卡壳或让人费解的地方。

为此，我专门向几位著名作家请教，其中一位作家的观点让我印象深刻。他说，写作如同下厨，厨师要懂得不同的做法，对食材有深刻理解，才能做出辣、咸、鲜、香、酸、甜、苦等不同口味，满足不同客人的需求。

说得直白一点，不管是大厨还是普通厨师，炒出来的菜，客人要吃得下去并喜欢才会心甘情愿地付钱。写作也是如此，就算你自我感觉良好、才华横溢，读者读不下去，也只能是孤芳自赏，体现不出应有的价值，写作变现乃至爆文创富也只能是镜中花、水中月。

一、内容的格调

谈到什么样的内容更吸引人，需要特别谈一谈内容的格调。何为内容的格调？

简单来说，内容的格调是指作者在创作过程中所选择的语言风格、语气及整体氛围，这些元素形成了作者个性化和统一化的风格。而这种格调，是区别于其他人和吸引目标读者的独特标签，有利于在目标读者中建立起情感连接和特定的认知。

需要指出的是，格调的建立是一个长期的过程，并非一蹴而就，而且中途需要不断调整和优化。一些厉害的写作者会认真评估自己的写作风格、擅长方向及目标读者的需求，力求在竞争激烈的市场中发掘出一定的差异化，更为精准地吸引到粉丝。

举例来说，著名财经作家吴晓波出版了很多书籍，他的内容格调极具深度报道的特点，故事讲得很好，人物形象很立体，这让他写的图书具有较高的故事性和可读性。吴晓波的格调形成也是经历了逐步明朗和成熟的过程。早年，他是新闻记者，在多年的新闻报道工作中深入挖掘细节的做法，能够让其作品形成鲜明的故事性、生动性和可读性。正是依靠这种独具一格的格调，吴晓波成为商业作家中最为成功的一位，拥有无数拥趸。

二、内容格调真的重要吗

很多写作者为什么无法精准地吸引读者，除了内容质量不高，无法提供有价值的讯息，内容的格调不足也是其中一个重要原因。

其实，内容的格调问题并不复杂，可以将之视为内容的个性化表达，是有别于其他人的标签。也就是说，当读者读到你的文章时，哪怕把作者的名字抹掉，也能知道是你写的。

如今，自媒体平台有很多，但你知道吗？每家平台也有自己与众不同的格调。

比如，知乎以其认真严肃、客观中立的问题探讨风格，树立了独树一帜的内容格调，吸粉无数。而 B 站作为一个以动漫、游戏、二次元文化为主题的平台，其格调较为活泼轻松，吸引和聚焦了大量的年轻用户。小红书的格调主要体现在精致生活、时尚美妆和生活方式分享等方面，从用户画像来看，该平台的主要用户群体为年轻女性，集中在 18 岁到 34 岁，这个群体具有强烈的消费需求和较高的消费能力。另外，抖音平台的格调则是突出娱乐化、平民化、潮流化和商业化，用户则以 1990 年后出生的年轻人为主，其中 18 岁到 34 岁的用户占据了主导地位。

从以上案例可知，当内容的格调形成后，即可通过独特的表现方式和内容风格在读者心中留下深刻的印象，提高内容的吸引力和影响力，增强读者的黏性。

需要指出的是，内容格调的形成与写作者的专业背景、性格、从业经历等因素密切相关。不同的写作者应该结合自身实际，选择擅长和合适的格调，以便更好地展现自己的个性和特点。比如，有的作者擅长使用幽默的语言和风格，使文章更加生动有趣；有的作者喜欢用文学性的语言和风格，使文章更加优美动人；而有的作者喜欢朴实无华的语言，力求内容的精准；也有部分更厉害的写作者能够根据客户和读者的需求，在多种写作风格中随意切换。

总之，内容的格调是写作者在创作过程中不可或缺的重要部分。一方面，它能提升作品的生动性和趣味性；另一方面，它能够吸引读者。

三、六招提升内容的吸引力

对于商业写作者来说，提升内容的吸引力尤为关键，直接关乎你的内容能否变现及变现多少。从多年的实践经验来看，如下几招有利于形成自己的格调，获得更多读者的认可。

1. 深刻理解写作主题

在正式写作之前，深入理解写作的主题，确保你对写作主题等核心部分了解透彻。与此同时，还要从不同角度深层次分析问题，包括探索现象背后的底层逻辑、当前存在的问题、提供可行的解决办法，以及剖析未来的发展趋势。比如，2024年，黄金价格持续上涨，你是一位财经作者，要想撰写一篇文章，势必要从黄金的概念、发展历史、地缘政治风险、宏观经济的不确定性、全球主要银行的政策、美元降息预期、老百姓的消费需求等多个维度展开论述。唯有对写作主题理解足够深刻，才能写出高质量和有价值的内容。

2. 模仿与思考

格调的形成需要较长时间，因此，在深刻理解主题的基础上，前期可能需要一段时间去模仿优秀作品的风格和技巧，等写作技巧和能力达到一定水平之后，即可考虑逐步形成个人风格。需要注意的是，模仿的目的是创新，而不是图省事。因此，每一次的模仿必须进行消化、吸收和思考。比如，你崇拜一位优秀的作家，不由自主地模仿他的写作风格，但无论模仿得多像这位作家，你始终不是他，你必须跳出模仿的窠臼，慢慢形成自己的风格，才能赢得读者的喜爱和掌声。

3. 高质量写作

任何耐读的优质内容必须确保内容精准、权威、专业和生动。这就要求写作者要精心筛选阅读材料，然后对获得的材料进行深度加工，最后形成自己的独特观点，这就是高质量写作。比如，前面提到的有关黄金的文章，如果你对黄金的"前世今生"和当前的政治、经济现状了解不深，写出来的内容质量不会太高，甚至可能还有低级错误，自然也很难给读者带来真正的价值。

4. 形成独特的风格

对于中国人来说，虽然大家都使用相同的文字和语言，但不同的字词组合带来的效果大相径庭。有的人善于使用精练的语言和丰富的比喻使文章生动有趣。另外，如果你读的书足够多，适当引用国内外名人的名言也可增加文章的权威性。通过日积月累的训练，假以时日，基本可以形成个人的独特文风和内容格调。

比如，董宇辉直播内容充分融合了高雅与通俗，别具一格，给人的感觉是低调谦和，侃侃而谈，文艺范十足，进而轻松吸引了很多粉丝，迅速成为国内直播界带货顶流。

5. 避免堆砌辞藻

很多写作者有一个误区，总觉得辞藻华丽才是好文章，显得更有才华。其实，高质量的文章应该是内容和文笔的完美结合。一篇文章好不好，立意是否高远，用词是否准确，结构是否合理，语言是否流畅等更为重要；如果一味堆砌华丽的辞藻，缺少实质性内容，只会给人华而不实，甚至炫技的感觉。特别是商业软文，准确传递信息，再融入生动的故事及一定的思想深度，更容易得到读者的喜爱。

6. 少用长句、难句

最近十多年，我先后在传统媒体和图书公司工作，发现一些写作经验不足的作者喜欢使用长句。有时一段长达七八十个字的句子竟然没有任何标点符号，读起来令人费解，也很容易产生歧义。相比之下，短句显得简洁明了，能够准确传达信息，传播效率更高，可大大减少读者的阅读负担。此外，短句易于记忆，信息密度高，而冗长的语句会让人产生阅读障碍。从方便读者和提升文章质量的角度出发，建议写作者要养成少用长句、难句，多用短句的好习惯。

事实上，提升内容吸引力的办法还有很多，大家在实战写作中一定要注意多总结，多与优秀的同行交流，不断探索出更多更好的做法。

第二节　成为既专又杂的高手

这些年来，因为有图书策划人和作家这两个身份，我接触和认识的各类写作者比较多。他们之中，既有钻研一个方向且造诣很深的博士和教授，也有啥都能写点的杂家。

在与不同写作者交往的过程中，大家会经常讨论到一个有趣的话题：写作到底是成为专家，还是成为杂家更好？对此，每个人的观点都不一样，可谓"公说公有理，婆说婆有理"，很难达成共识。

不过，根据我的创作经验和长期跟踪观察来看，我认为，写作者应该成为既专又杂的高手。

一、是做杂家，还是专家

事实上，关于做专家还是杂家的争论在很多行业一直存在，而且这种争论至今难分胜负，双方谁也无法彻底说服对方。

从现实的角度出发，写作作为一种创造性表达，无论成为专家，还是成为杂家，各有优势和缺点。更为重要的是，两条路线并非互相排斥的关系，而是相辅相成的关系。

1. 走专家路线的优缺点

通常来说,走专家路线的最大优势就是对某一行业研究很深、理解透彻,可以写出比较权威、专业和有深度的文章,从而在行业里树立起顶级专家的人设。即便此类文章的读者群相对小众,但能够吸引到对该领域感兴趣的忠实读者群体。不过,专家路线的缺点也很明显,因为对其他行业了解极少,知识存在局限性,如果换一个赛道,无论是写作还是交流,知识都要重新积累,很难找到可以谈的话题。此外,专注于一个领域也容易导致视野狭窄,很难从更广泛的视角看问题,从而限制了创新和多角度思考的能力。与此同时,当某一天面对新的行业变化和挑战时,需要花费更长的时间去学习和适应,导致转型可能面临诸多困难。

2. 走杂家路线的优缺点

杂家最大的特点是对多个领域都有涉猎,就算研究不深,但对于其中的门道多少了解一部分,甚至是半个专家。如此一来,在写作时,可以灵活运用多个行业的知识,激发新的创意和灵感,使内容更加丰富多样,满足不同读者的好奇心和求知欲。另外,杂家能够将不同领域的知识相互关联,进行深度思考和融合,有助于提出新颖的观点和见解,使文章更具吸引力和深度。特别是商业写作者,杂家可以根据客户的需求,轻松应对不同主题的写作任务。

当然,杂家的缺点是对任何一个行业的研究都不够深,很难成为行业顶尖专家,这就会让其作品看起来头头是道,但经不起更深层次的推敲,权威性和专业性有所欠缺。另外,一个人的精力毕竟是有限的,广泛涉猎多个领域时要想对多个领域有足够了解,就需要平衡深度和广度之间的关系,这对很多人来说是一个重大挑战。

二、既专又杂，可能吗

既然单纯走专家或杂家路线都有缺点，那么，做一名既专又杂的高手，可能吗？

古人说过，鱼和熊掌不可兼得。但我的答案是，在一定的条件下，鱼和熊掌可以兼得，成为既专又杂的写作高手是可以做到的！

客观来说，在多数情况下，因为一个人的资源、精力和时间有限，确实不太容易同时实现所有的目标，但这句话并非绝对的真理，只是用来强调在面临选择时我们需要权衡利弊和做出取舍。

具体来说，在某些情况下，通过创新、努力、合作或者改变策略，我们可以找到一种方式实现看似矛盾的目标。比如，一家企业可能面临扩大市场份额和保持高利润率的双重目标。这两个目标在某种程度上是相互矛盾的，因为扩大市场份额往往需要增加投入、降低价格或提供优惠，进而影响利润率，似乎不可能同时实现。但是，通过优化产品组合、提高运营效率、开拓新市场或创新商业模式等方式，企业完全可以在扩大市场份额的同时，保持甚至提高产品的利润率。

对个人来说也是如此。有时，我们设立的目标从表面上看似乎根本做不到，但通过设立优先级、高度自律及寻求外部合作等方式，是完全可以实现目标的。比如，我的一位朋友，他既想在职场一路高升，又想多陪陪家人。初看起来，这两个愿望相互矛盾，因为要想在职场中升职，就得多加班，自然没有时间陪家人；反过来，多花时间陪家人，也就很难在职场中取得太好的业绩。但是他做到了。这位朋友的做法是，上班期间，同事在磨洋工，时不时摆弄办公室的花花草草，或者聊八卦，而他始终专注于高效率地完成任务。就这样，他不但工作质量高，花费的时间也少，因此别人在加班时他却能陪家人度假。而且因为表现突出，他深得老板信任，短短三年时间，就从普通职员升为公司副总经理，薪水涨了4倍。

事实上，不少成功的作家和写作者都兼具专家和杂家的特点。他们既是某一领域资深专业人士，同时对其他领域也拥有广泛兴趣且有较深的研究，取得的成就也不小。基于此，他们既能深入探讨专业话题，又能在其他领域提出独家见解。比如，著名作家冯唐，原名张海鹏，其主要作品有长篇小说《欢喜》《十八岁给我一个姑娘》《万物生长》《北京，北京》《不二》《女神一号》等，还著有诗集《冯唐诗百首》《不三》等。很多人不知道的是，他的另一个身份是专业医生。1998年，他获得了北京协和医科大学的临床医学博士学位，并曾担任妇科医生长达三年。事实上，他还是一名成功的商人。2000年至2008年，冯唐任美国麦肯锡咨询公司董事合伙人；2009年至2014年，冯唐任华润医疗集团首席执行官（CEO）。因在多个领域均成绩斐然，如今拥有亿万身家的冯唐被称为"跨界大神"。

三、如何成为既专又杂的高手

从前文的案例之中，我们可以看到在一定的条件下，鱼和熊掌是可以兼得的。那么，到底要怎么做，才能成为既专又杂的写作高手呢？

所谓既专又杂，意味着你需要在某个领域拥有深厚的专业知识，同时又具备广泛的知识面。需要指出的是，要实现这个目标，你必须付出比别人更多的努力，并不是轻松就可以获得的。以下几点做法，亲测有效，供读者朋友参考。

1. 选定主攻领域

根据自身的兴趣和特长，选定一两个领域作为主攻方向。通过大量阅读专业书籍和论文，参加行业会议，向行业专家请教等多种形式，将专业知识提升到较高层次，成为行业顶尖专家。

我认为，选定的主攻领域最好与你的工作有关，因为作为安身立命的根本，你就会更有动力孜孜不倦地进行刻苦钻研，做事不会吊儿郎当。比如，一个人的兴趣是摄影，想在摄影方面实现商业变现，自然要对摄影的核心概念、基础知识、行业理论、实用技术、行业变现的渠道等有较深的了解。

2. 广泛涉猎其他领域

在专业领域持续精进的同时，你必须尽量减少娱乐和休闲时间，将精力用于学习其他领域的知识。在收集资料和获取知识时，无论是科技、文学、哲学、历史、心理学、经济学等领域，都要广泛涉猎，还要多观察日常生活中的细节。这些不同学科的知识和资料能够为你的写作提供丰富的素材和独特的视角。

3. 深度思考与积极实践

作为一项创造性工作，写作必须进行深度思考和长时间的实践，才能取得更好的成效。如果你学习了很多知识，掌握了大量资料，只是放在脑海里，不写出来，也是达不到效果的。在写作过程中，通过将专业知识与其他领域的信息相结合，更容易写出高质量的、有深度的文章，提出独特的观点，从而展现出专家和杂家的能力。

当然，成为既专又杂的写作高手肯定需要付出巨大的努力、花费更多的时间，其中的困难还是不少的。

比如，我在创作第一套少儿财商书《钱小蛋理财记》时，这种感受很深。之前，我创作出版过几本投资理财方面的书，总觉得写童书应该是小菜一碟，但当我真正动笔时才发现情况并没有想象的那么简单。

按说，从写成人看的书转型为写童书，只是小小的跨界，难度应该不大，可让我没想到的是，儿童财商图书的创作要考虑的因素太多，涉及儿童心理学、教育学等多学科知识，还需要将金融、经济等专业知识用孩子能听懂的语言"讲"出来。

为了达到预期效果，每写一个故事，我就会发给几位朋友的孩子和小学老师阅读，并请他们提出意见，然后我再进行修改，如此反复多次才最终定稿。从创作时间来看，写一本童书比写一本成年人看的书用时更多。

不过，有了第一套书的实践经验之后，我不断总结教训和经验，后来，在创作第三部少儿财商书《钱小兔学经济》时，明显顺畅得多，花费的时间也有所减少。

总之，要想成为专业领域有深度、其他领域有广度的写作高手是完全可行的。但这是一个不断学习和成长的过程，保持一定的耐心，进行深度思考和长时间实践尤为重要。

第三节　三招让作品更具可读性

对于任何一位写作者来说，谁都希望自己的作品能够得到更多读者的喜欢和认可。但让很多人苦恼的是，对于专业性很强的内容，明明知道没有多少人能看懂，也想写得更加通俗易懂，却找不到很好的解决办法。本节内容，我们就来深入探讨一下如何理解文章的可读性，以及如何提升可读性，甚至写出受到更多人欢迎的爆文。

一、如何理解可读性

所谓可读性，就是指一篇文章或一本书能够被更多的不同层次的读者读懂并得到认可和喜欢。

表面上看，可读性的概念似乎很简单，但要做到这一点，其实有一定的难度。这是因为你的作品至少得满足几个方面的要求：逻辑清晰、语言生动、通俗易懂、篇幅适中、版式美观，有一定的价值，且能够带来阅读的愉悦感。

当然，站在不同的角度，对可读性的理解可能不一样，但有几条通用的标准。

一是语言规范、文风轻松。语言规范是指词汇、语法、修辞等方面的使用合乎规范，内容清晰和准确，没有生僻的字词。而文风轻松则意味着文章简洁明了，即便没有专业背景，也能轻松阅读。事实上，为了推动国家通用语言和文字的规范化、标准化，国家特别制定了《中华人民共和国国家通用语言文字法》。这部法律专门规定了方言、繁体字、异体字的使用场景，大力推广普通话，推行规范汉字。但是，部分人为了彰显个性，展现所谓的文化底蕴和审美追求，特别喜欢用生僻字。殊不知，这种做法会给别人带来极大的不便。对于写作来说，生僻字会带来阅读和理解上的困难，影响沟通效果。

二是内容精彩、逻辑严谨。内容精彩即文章的主题、观点或内容具有吸引力，见解深刻、观点新颖，读后给人启发或让人获得新知识。而逻辑严谨主要指各章节或各部分之间的逻辑关系清晰、合理且连贯，没有颠三倒四或含糊不清的地方，且论据与论点之间有着紧密的逻辑联系。读者在阅读过程中能准确理解作者的思路，不会产生歧义或误解。

三是通俗易懂、含金量高。通俗易懂即文章在表达方式上多使用简单明了的语言，少用专业词汇，避免过于复杂的句式结构，便于读者轻松理解文章所表达的内容，无需单独查阅资料来理解文意。而含金量高，则指内容有深度、信息量大且权威性和实用性强，不故弄玄虚，给人干货满满的感觉。这些年，在图书策划的过程中，我收到过一些满版全是专业术语的书稿。这类书稿除了极少专业读者会看之外，大众读者基本读不懂，就算内容质量很高，也是曲高和寡，很难产生太大的社会影响。

如果以上几条都达不到，也就谈不上可读性。而要真正达到其中一两条或全部要求，一方面需要日积月累进行有针对性的训练，另一方面写作者必须掌握一些基本的写作技巧，还应储备大量的知识，以便随时可以调用。

二、三招提升作品的可读性

根据不同的标准，文字内容可以划分为不同的类型。比如，从属性来看，可以简单分为文学作品和商业作品。其中，文学作品是指通过对生活、社会、自然和人性的思考，以语言为工具、以文字为形式，形象地反映生活，表达作者对人生、社会的认识和情感，能唤起人的美感，给人以艺术享受的著作。而商业作品，可以理解为把实现商业利益当作主要目标，具备商业价值的文化作品。

通常来说，以诗歌、散文、小说等为代表的文学作品，其可读性更多地强调语言优美、辞藻华丽、感染力强，而商业作品对文笔的要求没有文学作品那么高，但其他方面的要求并不少，包括能够让读者轻松理解且能够获得有价值的信息。

下面，我提出比较实用的三招，可以大大提升作品的可读性，供读者朋友参考。

第一招，提升作品的知识含金量。如今是市场经济时代，我们以比较流行的商业作品为例，此类作品具有几个显著特征：较大的信息量、明确的目的性和较强的实用性。因此，提升可读性必须围绕这几个特征展开。

与文学作品不同，读者阅读商业作品时，大多是已经付费，自然希望获得有价值的知识或实实在在的帮助。如果你的作品没有一定的信息量，目标导向不明确，实用性也很弱，全是虚头巴脑的东西，当然很难引起读者的兴趣，更别指望以后读者继续为你的作品付费了。比如有些商业软文只是为给产品打广告而写，文章中缺乏读者想获得的资讯、思想、技术、技巧，自然对读者没有吸引力，同样也无法达到营销产品的目的。

我认识的一个朋友，中专学历。但他写的商业文章广受欢迎。无论是他给客户写的定制化内容，还是自己写的自媒体内容，拥趸众多，而且对外的商单报价也不低，一篇5000字的文章收费8000元。为何出现这种现象？因为这位朋友极其勤奋，学习能力惊人，对客户和消费者心理研究很深，很懂得如何写出符合别人胃口且有价值的商业作品。

第二招，必须让读者能够读懂。之前，我的一位作者是大学教授，必须承认，高知人群经过严格的论文写作训练，且知识渊博，写出来的作品知识含量确实很高，这是他的一大优势。但他写出来的文章弊端也很明显，那就是理论性和专业性太强，除了少数专业读者，绝大多数非本专业的普通读者如看天书。

为了提升这位教授所写内容的可读性，我们深入长谈了多次。后来，这位教授听取了我的建议，对内容和文风进行了反复调整优化，其作品上市后受到大众读者的广泛欢迎。

这些年来，我策划上市的商业图书，作者是大学教授、博士或经济学家的不少，他们的书普通读者都能看懂。其中一个重要原因是我要求作者必须将专业知识用通俗的语言写出来，否则打回去修改。之所以我坚持这么做，目的就是让好作品能够褪去神秘的外衣，被更多的普通读者认识和喜欢，免得落入曲高和寡的尴尬境地。

对于商业作品的可读性，我的理解是，再好的内容，前提是必须让读者能够理解至少六七成,最好是八九成,否则一切都是白搭。想让读者读懂你的作品,你必须懂得用轻松和通俗易懂的语言把复杂专业的知识说透,如果能够写得妙趣横生当然更好。可别小看这一点,从专业的说明型阐述方式变成通俗的叙述风格,做起来还是有难度的。客观来说,这个能力并非与生俱来,需要通过大量的训练,但只要持之以恒,绝大多数人是完全可以做到的。

第三招,善于使用必要的案例。我们知道,有些专业性的内容有固定的表述方法,确实不太容易用通俗的语言去说清楚。比如工程、物理、化学、航空等领域,为了表达规范,会涉及大量的专业术语。其实,还有一个办法可以提升作品的可读性,那就是善于使用案例。

关于这一点,我在写少儿财商书《钱小兔学经济》时感触很深。因为很多金融、经济的专业术语比较晦涩,年龄小的读者自然很难读懂,我又不能生造词语。几经试验,后面我选择了一个简单可行的办法,就是在有需要的地方增加一些浅显案例,就算是几岁的孩子也能够完全理解。

比如,说到"股份"这个专业词汇时,从定义来看,股份代表股东对公司资产的占有比例。持有一定股份的人承担对应的责任,可获得一定的回报。小读者多半很难理解其中的含义。我就举例解释。

长鼻象感觉有点晕,他喜欢举例说明,于是提出疑问:"假设我们组建一个小公司,钱小兔出40元,我出20元,花斑虎出30元,大脸猫出10元,那我们的股份都是多少呢?"

"这是个有趣的问题。"兔爸爸说,"如果你们的小公司注册资本是100元,那么钱小兔的股份是40%,长鼻象的股份是20%,花斑虎的股份是30%,大脸猫的股份是10%。公司收益要是有100元,你们就可以根据每个人的股份获得不同的收益。比如，长鼻象投入了20元，就可以分得20元的收益。"

实践证明，这个办法确实是有效的。后来，我在一些场合给儿童做财商的知识分享时，特地问过小朋友，大家能够理解股份的意思吗？大家的回答是，前面看不懂是什么意思，但有了例子说明后，就基本能够理解这个词的含义了。

总之，对于专业性内容而言，增加一些必要的案例，可以达到增强理解、提高可信度、便于记忆、激发兴趣等效果。对于写作者来说，如何将专业性内容变得通俗易懂，将受众群体扩大，本身也是一项必备的技能。如果在这个方面做得更好，通过写出更多爆文，部分写作者完全可以达到变得更富裕的目的。

第四节　满足读者需求是变现的根本

商业写作与文学写作不同，因为其既要实现社会效益，又要取得经济效益。说得直白一点，我们写出来的内容，一方面要在遵守法律法规和公序良俗的基础上传播信息和知识，另一方面，还要争取变现，获得经济回报。

实话实说，要满足这个要求有一定难度。但这个难度并不算太大，写作者只需掌握基本的写作技巧，稍微用点心，写出来的优质内容能够满足读者需求，顺利成为爆文，实现创富的目标也就顺理成章了。从重要性来说，满足读者需求是变现的根本，决定了能否变现及变现多少。

一、你真的了解读者需求吗

说到读者的需求，很多人可能不置可否，一撇嘴，反问道："难道不就是获取知识、图个乐呵或打发时间吗？"

如果作为写作者，你的认知也如此浅薄，我必须告诉你，你的写作之路将越走越窄。

那么，读者的需求到底有哪些呢？下面我们进行深入分析。

1. 获取信息和知识

古人把"行万里路"和"读万卷书"相提并论，可想而知，阅读对个人来说多么重要。通过阅读，我们能够吸收先贤和其他人的智慧和经验，获得自己需要的信息和知识，扩展认知的广度和深度，拓宽视野，提升独立思考的能力和洞见力。

2. 提升解决问题的能力

知识的价值在于应用，阅读可以帮助人们理解事物的本质和规律，进而提升解决问题的能力。通过阅读，可以学习到如何构建知识体系，如何在实践中运用理论，促进个人成长和专业发展。最近几年，我每年阅读的书在50本以上，还会阅读大量的专业自媒体内容。我的阅读品类涉猎较广，除了专业书和畅销书，还有比较小众的杂书及公众号。广泛的阅读帮我解决了不少实际问题。事实上，我的阅读量不算大，我的一个作者和朋友叫赵海民，每年至少读100本书。正是因为他的阅读量惊人，最近几年，他成功创作并出版了《底层思维：卓越人生的逻辑魅力》《洞见力》等高质量的畅销书。而且，第三本专著已经在写作规划之中。

3. 打开思维

大量的阅读可以加强思维锻炼、促进深度思考，让一个人更好地看清事物发展的基本规律和底层逻辑，更加理性地看待社会和重新认识自己。另外，通过阅读不同作者的作品，可以从作者身上获得更多经验和智慧，让精神世界更加丰富，让生命更有价值，让生活的质量更高。

4. 心灵滋养

阅读是一种情感体验，能够慰藉心灵、减轻生活压力，通过共鸣和共情，让读者找到情感的寄托。特别是工作之余，读几页书，躁动的心很快就安静下来。一旦养成阅读的良好习惯，还能够培养高尚的情操，心灵得到滋养，人文素质得到提升。

5. 打发时间

在我们身边，很多人百无聊赖时会选择刷短视频、打麻将、玩游戏，作为消遣方式并无不可，但对个人提升没有太大帮助。如果一个人养成阅读的习惯，既可以打发闲暇的时间，还能扩展知识，提升个人的综合能力。

6. 文化传承

我们知道，在一个国家和民族的发展与进步中，文化的作用不可或缺。而阅读是了解社会文明和传承文化的重要方式，它帮助人们理解历史、尊重传统，在时代发展过程中形成文化认同，提升社会的文化水平和整体精神风貌，使人们的关系更和谐。

7. 自我实现

每个人的性格和兴趣不同，阅读的目的和需求自然有所不同，但无论是为了获取知识，还是打发时间，获得阅读快感，其实都是一个自我探索和自我实现的过程。

由此可见，人们阅读的目的和需求是多维度和立体的。这就要求写作者在创作内容时深入了解目标读者的需求和痛点，做到有的放矢，以便取得更好的成效。

二、如何更好地满足读者需求

写作者要想更好地满足不同读者的个性化需求，千万不能闭门造车，必须树立几个重要的意识。

第一，树立服务意识。根据长期观察，我发现很多写作者习惯以自我为中心，想写什么就写什么，写出来的东西就算质量不差，但依然没什么人看。原因就在于，写作者严重缺乏服务意识。事实上，无论是文学创作还是商业写作，树立服务意识是一个极其重要但长期被忽视的事情。这种意识不仅关系到你的内容能否满足读者需求，更直接关系到内容能否体现出商业价值。

第二，树立产品意识。最近几年，我在外出讲课时反复强调，写作者一定要树立产品意识。尤其是商业写作，更是如此。然而，遗憾的是，很多写作者根本没有理解它的重要性。在他们看来，只有生产厂家才需要产品意识。

事实上，在写作过程中，树立产品意识是非常重要的。这就要求写作者将内容看作是向读者交付的产品。写作者在正式写作之前，需要思考读者会不会喜欢读，读后有什么收获，会不会主动分享、评价和点赞，以及是否愿意付费。写作者有针对性考虑的点越多，并围绕这些点写文章，作品的社会效益和经济效益也会更好。

第三，强化精品意识。有了产品意识，代表着你已经走在正确的道路上，但还远远不够。接下来，还得强化精品意识。对于写作者来说，精品意识是指与时俱进，随时了解最新政策和行业动态，关注读者的需求变化，不断优化自己的写作方法，推动内容迭代升级。特别是在移动互联网时代，科技革新一日千里，新技术、新业态和新产品层出不穷，如果写作者墨守成规，抱着"一招鲜，吃遍天"的陈旧思维，肯定是不行的。

第四，要有平等合作的意识。过去，很多作家或专家将自己的创作视为向他人传播思想、文化或知识。如今，在互联网时代，写作者尤其是商业写作者必须扭转这个过时的思维，清醒地认识到，作者与读者是平等，是和谐共生的关系。事实上，换个角度来看，作者同时也是读者，自然也希望被其他作者平等相待。

另外，从表面看，作者创作与读者阅读似乎只是单向的关系，但实际上二者是双向合作关系。一方面，作者通过创作书籍或其他类型的内容，将自己的思想、情感、经验、知识或产品信息传递给读者；另一方面，读者阅读作品时是在与作者进行一种跨越时空的对话。如果他觉得作品不错，就会进行分享、转发并提出建议，或者付费，合作的特性就很好地体现出来了。因此，高明的作者会让自己与读者的关系升级为相互促进、共同成长乃至互相成就。

三、实现变现，你必须悟透四个道理

自媒体的横空出世为无数写作者带来了新的机会和实实在在的好处。

在当前环境中，写作者要想实现变现的目标，必须悟透四个道理。

第一，必须放下面子。很多人爱面子，从而给自己带来一系列负面影响。其中，对个人而言，最典型的一大表现就是明明需要钱，却羞于谈钱，害怕被人说俗气。而商业写作的主要目的之一就是变现。这就要求写作者必须放下面子，将自己写出来的文章视为一种产品。既然是产品，就需要根据市场需求和读者体验来创作内容。如果太好面子，只注重创作是否受到认可，而忽视市场、读者需求及体验，写出来的作品就很难产生商业价值。

第二，坚决不碰红线。说到变现赚钱，很多人都很兴奋。但我还是要反复提醒，任何写作，包括商业写作，都不是无底线和无原则写作，必须在法律法规和道德的框架内进行。基于安全性和持续性考虑，写作者必须明确，一些红线是坚决不能碰的。比如，不碰敏感题材、不诋毁他人、不散布谣言、杜绝低俗内容等。这些内容就算能够带来短期流量和收益，但风险极大，轻则被删稿，重则可能面临封号甚至产生法律风险。

近年来，为了治理自媒体乱象，监管部门连出重拳，一大批拥有巨量粉丝的自媒体账号先后被封禁。比如，2024年，中央网络安全和信息化委员会办公室在官网公开曝光了关于"整治涉企侵权信息乱象"的一批典型案例。其中，一些平台中的账号为博眼球、吸流量，多次发布文章和短视频，歪曲捏造事实、恶意诋毁某些企业及其创始人的形象和声誉。涉及的账号最终被依法依约关闭。

第三，不宜急功近利。写作必须长期坚持，但偏偏很多写作者过于短视，急于变现，老想着十天半个月，或者几个月就能赚得盆满钵满，这显然是不可能的。

我接触过很多写作者，他们想在商业写作这条道路上有所斩获，但坚持不了多久，就销声匿迹了，这显然是不行的。与传统文学创作相比，商业写作要考虑的环节和因素更多，特别是你提供的内容要有料、有趣或有价值，才能更好地满足读者需求，而要达到这个要求，需要花费不少时间，更不宜急功近利。通常来说，想通过写作变现至少需要一年以上的时间才能看到效果。对此，要有充分的心理准备。

第四，将长处发挥到极致。在写作变现的道路上尽量规避短处，同时将长处发挥到极致。一个人再厉害，能在一两个方面做得很好，就算是相当不错了。为了把主攻方向做到较高的水平，你必须尽快找到自己的长处和擅长的方向，这是安身立命的根本。一旦明确了长处和擅长的方向，就要不断地花时间去打磨和强化，将其作为变现的法宝和利器。其他领域的知识，可以在精力有富余的情况下花一部分时间去研究，但一定要搞清楚主次顺序。

爆文创富小案例

今日头条@终身成长必修课的主理人赵海民，是一位学习专家和终身成长践行者，他的思考有深度、有宽度，他的文字接地气，使人顿悟、豁然开朗。赵海民的一些良好习惯，如对于学习和写作的认真态度，能够给普通人带来较大的参考价值。

为了写出高质量的内容，赵海民特别注重阅读和锻炼身体。最近十多年来，他每年读书逾百本，同时坚持跑步。在他看来，无论是阅读还是跑步，长期坚持下来，可以确保思维和身体处于最佳状态。得益于长期坚持这些良好习惯，他写出了不少爆款文章。

2019年12月21日，赵海民在今日头条@终身成长必修课上发表了《所谓固执，其实就是认知水平低》一文。这篇文章发表之后，立即得到读者的疯狂转发，互动数据极为可观。其中，展现量293万，阅读量15.3万，评论1400条，单篇文章累计涨粉1000多人。从这几个核心数据来看，这篇文章值得深入拆解分析。该文火爆异常，原因有两点。

第一，主题明确。前面我们提到，在正式写作之前，作者应深入理解写作的主题，确保对写作主题了解透彻。与此同时，还要从不同角度深层次分析问题，包括探索现象背后的底层逻辑、当前存在的问题，以及提供可行的解决办法。《所谓固执，其实就是认知水平低》一文开宗明义，明确提出了"固执其实就是认知水平低"的新颖观点。围绕这一主题，作者对固执的底层原因进行深入剖析，点出了四大原因，并对如何化解固执、提升认识水平给出了五点具体的建议。从行文逻辑来看，该文论点明确、论证充分、令人信服。

第二，文风通俗。虽然该文涉及一些心理知识，但赵海民在写作风格方面比较接地气，语言通俗易懂，几乎没有专业词汇，就算是文化水平不高的读者，也能够轻松理解文章的主旨。为了让内容更具可读性和趣味性，赵海民还列举了唐太宗李世民善于听取别人意见的经典案例。

正是因为不断创作出大量传播范围较广的爆款文章，之前寂寂无名的赵海民被出版机构注意到，并获得了出版图书的机会。2021年和2024年，他先后受邀创作出版了《底层思维：卓越人生的逻辑魅力》《洞见力：比别人看得更准、做得更好》两本畅销书。如今，赵海民已经从一名自媒体博主迅速成长为小有名气的畅销书作家。

总之，优质内容不一定成为爆款，但爆款文章大多是有料、有趣、有价值的优质内容，要想写出更吸引人的爆款文章，认真打磨出读者真正需要的好内容无疑是至关重要的！

第七章
AI：提升写作效率的新利器

　　随着科学技术的快速发展，功能越来越强大的AI开始融入写作领域。2022年11月30日，ChatGPT推出后迅速走红，并让人们重新认识人工智能。然而，对于AI这种现代化工具，拥抱者有之，怀疑者亦有之。身处科技大发展的今天，面对新的时代趋势，写作者应该以理性的眼光看待AI，了解AI写作的底层逻辑，巧妙利用AI提升写作效率，将其与人的思维完美结合起来，从而写出更多的爆文。值得注意的是，AI写作的短处和风险也是显而易见的。因此，在使用AI写作这个问题上，不能因噎废食，也不能过于依赖，而应扬长避短，方能发挥出最大效果。

第一节　AI 写作的底层逻辑

最近几年，随着人工智能的快速发展，AI 写作也火了起来，网上的各种讨论也比较多，尤其是 ChatGPT 在 2022 年年底推出后迅速走红时。ChatGPT 的成功主要归功于其强大的人工智能技术和出色的自然语言处理能力，这使它能够与用户进行流畅的对话和交互。此外，ChatGPT 的走红也在一定程度上改变了人们对于人工智能的看法，被认为开启了人工智能的新时代。

如今，很多写作者都想借助 AI 的力量，写出流量更大的爆文，从而实现快速变现的目标。

对于 AI 写作，我的态度是积极、开放且明确的。那就是，在日常写作中，完全可以适度借助 AI 科技的力量，帮助我们提升写作效率。但是，写作绝对不能完全依赖 AI。毕竟，AI 不能替代人的深度思考和个性化表达，并且目前 AI 的成熟度还远远达不到写作者的要求。

近年来，关于 AI 会不会取代作家、记者等传统文字岗位的讨论频频登上热搜榜，各方意见不一。对此，我在多个公开场合及接受《浙江日报》等媒体采访时表达过一个观点：AI 替代不了作家，一个关键的原因是文艺作品里面蕴藏着作者的深邃思想、人生阅历、独特个性等复杂因素，而工业化和标准化的产品，只要提前设置好程序、输入指令，生产的产品几乎一模一样。

下面，我们来深度介绍一下 AI 写作的底层逻辑和优缺点。

一、AI 写作的底层逻辑及步骤

我们知道，写作是一件需要进行深度思考和个性化表达的事情，就算是同一主题，不同的人写出来，内容肯定是千差万别。

而 AI 写作则不同，其底层逻辑主要基于深度学习和自然语言处理 (NLP) 技术，通过训练神经网络模型来理解和生成自然语言文本。换句话说，AI 写作主要依靠大模型训练，最终得出结果。如果数据和训练不够，得到的结果其实很难达到预期要求。

从技术角度出发，AI 写作的过程可以分为几个关键步骤。

1. 任务理解和数据收集

AI 系统首先要对写作的任务进行理解，然后根据任务收集大量的数据，这些数据通常来自书籍、文章、网页等。然后对这些数据进行预处理，以便更好地学习和理解，为撰写文本提供参考。预处理包括数据清洗、分词和词性标注。即去除错误和不相关的内容，确保数据的准确性，将文本分割成单词或词组，再对数据进行词性标注，为模型提供更多易于理解的语言信息。

2. 模型构建与训练

数据收集完成之后，系统会进行预处理，并通过神经网络等深度学习模型进行训练，通过学习文本中的语法、语义和上下文关系，对语言进行理解。

3. 文本生成

训练完成后，AI 系统根据使用者输入的提示词或主题，通过模型生成相应的文本或答案。根据任务要求的复杂程度，这个过程花费的时间从几秒到几十分钟不等。比如，在科研领域，一些 AI 系统能够根据论文的标题、专业性、大纲、关键词、字数等，在 5～30 分钟内生成 5000～50000 字的学术文稿。

4. 调整与优化

AI 系统生成的文本质量高与低，与大模型的性能和训练的数据规模等密切相关。其中，大模型的性能直接影响 AI 写作的准确性、创新性及实用性。而训练数据可以让模型具备更广泛的语言模式、知识和表达方式。当数据规模足够大时，模型能够接触到各种不同的主题、风格和情境，从而更加灵活地运用所学知识，生成逻辑性更强和更多样化的文本内容。需要指出的是，为了提升 AI 写作的质量，一方面，AI 平台需要对模型进行优化和迭代；另一方面，写作者也要对生成的文本内容进行人工的审核、修订、补充、调整和优化。

二、AI 写作有哪些好处

面对科技日新月异的大趋势，不管个人是否喜欢，时代发展的趋势是不可阻挡的。既然是历史趋势，我们要么勇于接受并适应它，并获得更大的发展，要么拒绝它，最终的结果可能是被时代无情淘汰。

因此，对于 AI 写作，我认为，我们不应该排斥和拒绝，而是应该采取积极的态度，学习和利用好科技的力量，提升工作效率，激发创作灵感，提升文章的价值，达到变现的目的。从个人使用的情况来看，AI

写作至少能带来五大好处。

第一，提高写作效率。众所周知，之前人们在纸上写作速度极慢，而且修改和编辑极为困难，整体效率很低。此后，人们在电脑上写作，如果出现错误，修改和编辑变得方便多了，效率有所提升，但要写一篇千字文，成熟的写作者也需要半小时左右。而使用 AI 写作，写一篇千字文可能只需要 10～30 秒，写作效率得到大幅提高，可以把节省出来的宝贵时间投入其他重要事情中。

第二，激发创作灵感。基于大量的数据和丰富的案例，AI 写作有一个比较大的优势，就是给出的文本信息比较丰富和全面，可以开阔写作者的思路，激发创作灵感。比如，在抖音旗下的豆包平台输入一个问题：从成都到北京旅游，有哪些交通工具可以选择？正常来说，个人想到的交通工具主要是汽车、自驾、飞机和火车，仅此而已。而 AI 给出的答案较为丰富，不但给出了这四种工具，而且会将每一种工具大约需要多少时间，花费多少成本，哪一种方式花钱最少、用时最少等各种方案详细罗列出来。如果我们要写一篇旅游的相关文章，AI 给出的信息可以为我们提供新的角度，我们对文章进行完善修改后，能让文章更具深度和指导性。

第三，降低写作成本。众所周知，过去的写作需要投入必要的人力、物力和时间，耗费大量的各类成本，而 AI 写作则可以大幅降低成本。比如，某公司的新产品上市，需要写一些宣传软文。正常情况下，要么由公司擅长写作的员工进行创作，要么请外部作者或第三方撰写，整体呈现出周期长、成本高和见效慢的特征，而 AI 写作在输入指令后可以快速完成，各种成本能节省 80% 以上。

第四，避免低级错误。写作是一门技术活，虽然不是什么高端技术，但还是有一定的门槛，尤其对写作者的语言、词汇、逻辑等方面都有相应的要求。因此，对于功底不够扎实的写作者来说，容易出现语法、字词和逻辑错误。而如今的AI写作工具都具备自动检查和纠错功能，可以避免这种人为产生的低级错误。

第五，定制化写作。在当前环境下，写作者是否能快速和高质量满足客户或读者的小众化、个性化、定制化需求极为重要。尤其是商业写作，对客户的需求必须反应迅速且保质保量地满足。对此，传统写作显得有些力不从心。比如，客户要求在30分钟内完成一篇2000字的优质宣传文稿，这对大部分写作者来说确实是一项极难完成的任务。但对于AI来说，从系统输出到修改完稿，时间不会超过10分钟，根本不是什么难题。

三、AI写作的弊端与不足

值得注意的是，虽然AI的发展很快、功能强大，已经可以替代部分人工岗位，但也不是无所不能，尤其在写作领域，个人感觉AI的弊端和不足还是很明显的。

第一，缺乏深度。AI写作与人工写作最大的不同，主要是AI写作基于模型训练和深度学习，生成的内容比较机械化，理性有余而感性不足，因为AI工具缺乏人类的复杂情感和个性化思考，大多数时候只是列出最基本的文本信息，难以创作出具有深度和引起情感共鸣的作品。

第二，美感不足。人类写作多多少少讲求修辞手法的运用，而且不同的人写出来的内容是完全不同的，正是这种不同让作品各具特色。而AI写作出来的内容显得呆板生硬，缺少美感和文字的张力，可读性、生动性、趣味性和艺术性普遍较差，读起来味同嚼蜡。

第三，质量不高。在当前环境下，AI 写作还是新生事物，而系统主要依靠训练数据的广度和深度，如果历史数据和样本不够丰富，生成的内容质量普遍不高，甚至不准确。我专门做过试验，利用多家 AI 写作平台生成的文章都比较简单和空洞，无法达到拿来即可直接使用的要求，还需要人工审核、修改和完善。

第四，存在版权问题。在文化领域，版权保护越来越受到各方（包括作者、出版方和读者）的重视，而使用 AI 写作可能存在版权问题。因为此类文章主要是根据已有内容进行整理得到的。虽然从法律角度来说，如何界定原创性和版权归属在当前是一个较为复杂的问题，但是随着相关法律法规日趋完善，AI 写作的版权风险是存在的。据媒体公开报道，目前由 AI 创作引发的法律纠纷已经出现多起。无论判决结果如何，充分说明 AI 创作的版权风险较高。

第五，让人变得懒惰。写作是一件很辛苦的事情，需要长时间坚持和努力，才能慢慢看到成效。对于部分急于求成的写作者来说，一旦对并不成熟、可靠的 AI 写作产生依赖，就有可能变得懒惰甚至放弃独立判断和深度思考，这对个人成长是极其不利的，也是危险的，会大大削弱人的创造力和主动性，最终沦为 AI 的奴隶，而不是成为 AI 的主人。

综上所述，对于 AI 写作，我们应该顺应时代发展，积极拥抱、适度使用它，充分运用科技力量带来的便利，提升写作效率和质量。不过，值得注意的是，AI 并不是万能的，不可能完全替代人类，尤其是写作，其是一项创造性活动，个性化和深度思考必不可少，因此应尽量避免过度依赖 AI，以免失去自我。

第二节　让 AI 成为写作上的得力助手

在生活节奏越来越快的当下，要想在有限的时间内让工作效率得到提高，学会巧妙和适度运用现代化工具是十分必要的。对于写作者来说，一旦熟悉 AI 写作工具的基本原理和使用技巧，就能够让 AI 成为写作上的得力助手，并实现爆文创富的目标。

一、常见的 AI 写作工具

一款 AI 写作工具要想功能强大，核心在于拥有先进的算法、强大的计算能力、丰富的数据资源。因此，虽然市场上的 AI 写作工具很多，但功能较全面的 AI 工具，其开发者基本是技术和资金实力强大的互联网机构。下面，我们介绍一些国内的常见 AI 写作工具，写作者可以根据自身需要进行选择。

1. DeepSeek

DeepSeek 的横空出世成功超越了多家美国科技巨头旗下的生成式 AI 产品，由此引发全球关注。DeepSeek 主要有几个显著特点：技术取得创新性突破、训练成本极低、开源策略较为独特。以训练成本为例，DeepSeek 仅以 500 多万美元的 GPU 成本，就训练出了与 OpenAI o1 能力不相上下的 DeepSeek R1 模型。而在过去几年的"百模大战"中，国内外 AI 大模型公司都花费了几十亿元甚至上百亿美元，DeepSeek 的崛起路径打破了"大模型必须依赖天量资金与海归团队"的行业共识，通过算法优化与数据工程创新，实现了技术突破与商业可持续性的双重革命。

2. 文心一言

文心一言由百度开发，是该公司全新一代知识增强大语言模型。具备高度精准、智能化、高效性、实时性、交互性强、可定制化、个性化和应用场景广等显著特点，拥有知识获取与解答、文本创作辅助、自动语义校验、多领域应用等功能，而这些强大的功能主要得益于百度在搜索引擎、人工智能领域深耕 20 多年，有着深厚的技术积累。文心一言模型训练数据包括万亿级网页数据、数十亿的搜索数据和图片数据、百亿级的语音日均调用数据，以及包含 5500 亿事实的知识图谱等。这些庞大的数据可以让文心一言在处理中文语言时达到较高的水平，使其能在一定程度上理解人类意图。2024 年 9 月，文心一言 App 推出升级版本，并更名为文小言。

3. 通义千问

通义千问由阿里云开发，是一款超大规模的语言训练模型，具备多轮对话、文案创作、逻辑推理、多模态理解、多语言支持、实时更新等强大功能，其知识库庞大，问答模式也极为丰富。通义千问之所以能开发出这么多功能，主要是因为阿里云拥有先进的技术基础、海量的数据和知识库、强大的自然语言处理能力及持续的自我学习能力。通义千问的不同版本使用了不同规模的训练数据。其中，一些较大模型版本，如

Qwen-72B，其基于超过 3 万亿（3T）Tokens（自然语言处理中文本被分割成的基本单位）的高质量数据进行训练的。这样的大规模数据集有助于模型学习到丰富的语言结构和模式，大幅提升其在多种任务上的表现，如语言理解、文本生成、问答能力等。

4. 豆包

豆包由字节跳动公司开发，能进行多种类型的文本创作，如散文、小说、诗歌等，还可为用户搜索信息、答疑解惑、分析总结、提供灵感和辅助创作，其具有智能撰写、智能纠错、多样化文本生成等功能。而豆包之所以功能强大，主要是依靠先进的人工智能技术、多样化的功能设计、丰富的应用场景、强大的技术团队等因素。作为商业机密，虽然豆包的训练数据并未公开，但考虑到字节跳动是一家在全球范围内拥有海量用户的公司，可合理推测其 AI 模型的训练数据是相当庞大的。

5. 知乎直答

知乎直答是知乎推出的一款创新 AI 产品，其利用人工智能技术，特别是大模型，为用户提供通过提问和搜索获得及时且精准答案的服务。这款产品基于知乎平台丰富的问答数据，旨在缩短用户获取优质内容的时间，并通过溯源功能增强回答的可信度。

知乎是一个高质量的问答社区，专注于为人们提供一个知识分享和经验交流的平台。知乎直答的推出时间为 2024 年 6 月 29 日，在国内大型平台 AI 工具中算是入场较晚的一家。知乎直答官方没有公布训练数据，不过，作为一家专业知识问答社区，知乎积累了大量的专业领域内的问答数据，包括但不限于问题、答案、文章、想法等，这些都是高质量的语言数据，能够帮助训练出更为精准和有用的 AI 模型。

事实上，除了以上几种，国内知名的AI写作工具还有讯飞绘文、聪明灵犀、写作猫等。这些工具各有特色，有的侧重于创意生成，有的专注于文案优化，有的覆盖了从文字到视频内容的更多需求。因此，很难说哪一款工具更好。写作者在使用时，可根据自己的具体需求和使用场景来决定。根据个人的使用经验，可以输入同样的一个问题，然后对几款工具进行测试，哪一款工具生成的内容更详细、更准确，就是最适合的。

二、免费版和收费版的区别

目前，AI写作工具基本设置了免费版和收费版。从实际使用的情况来看，二者的区别还是比较大的。这些区别主要体现在功能、服务、价格及用户体验上。

1. 功能方面

AI写作工具免费版通常提供基础功能，如文字生成、摘要提取、翻译等，只能满足日常写作需求，对使用次数、消息长度或生成内容的字数也有严格限制。免费版主要用于吸引用户进行试用和体验，目标是推销其收费版。而收费版用户则享有更高的消息长度、更快的响应速度和不限制使用次数等特权。此外，收费版也增加了更多功能，如结构和内容优化、逻辑及语法检查、文本深度分析等。某些专业平台可以提供论文写作的高级功能，如自动生成大纲、引用文献管理及更复杂的文本编辑能力，收费版更适合专业写作人员或需要高质量文章的用户。

2. 服务方面

AI写作工具的免费版通常没有专门的客户服务，用户在使用过程中遇到问题需要帮忙时，客服反应较慢，或者很难得到回复。收费版则提供专业的客户支持，比如专属客服等，以便让用户在使用过程中获得更好的体验。比如，大名鼎鼎的 ChatGPT，其免费版和收费版的区别较多。以个性化选项和定制功能为例，付费用户可以根据自己的需求对机器人进行个性化设置，如设定机器人的性格、语气、兴趣等，使机器人的回答更加符合用户的个性化需求。

此外，免费版模型更新较慢，用户可能需要等待一段时间才能使用新功能，收费版用户则能优先体验新功能和模型更新。

3. 价格方面

通常情况下，AI 写作工具的免费版无需支付任何费用即可使用基本功能，而收费版则需要用户支付一定的费用，然后才可享受更高级和更全面的功能。

4. 用户体验方面

众所周知，很多软件的免费版都有广告，因为开发商需要用广告收入来补贴免费用户使用的开发及维护成本。因此，AI 写作工具免费版可能有广告打扰，而收费版大多没有广告，体验感更好。

综上所述，AI 写作工具的免费版可以满足日常写作的基本需求，而收费版在专业性、个性化服务等方面功能更为强大，写作者可根据需求和经济情况进行灵活选择。

三、让 AI 成为写作助手有哪些注意事项

不少写作者很想让 AI 写作工具成为自己的得力助手，但遗憾的是，其中很多人不熟悉 AI 写作工具的功能和使用方法，最终只能是束

手无策、望洋兴叹。从 2023 年年底尝试使用 AI 工具辅助写作以来，我积累了一些心得体会，也总结了一些注意事项，现分享给大家。

1. 了解 AI 写作工具的功能

目前，市场上的 AI 写作工具至少有上百种，但每个工具的侧重点和特色功能是不同的。比如，有的工具擅长语法检查、逻辑调整、字词纠错，有的则擅长扩写、内容润色等。只有充分了解自己的实际需求之后，才能选择适合的 AI 写作工具，达到最好的辅助效果。如果选择的工具不对，效果还不如传统的人工写作。

2. 提问尽量精准

从我的实践经验来看，使用 AI 写作工具时提问是否精准，将直接影响到生成的内容质量。这是因为 AI 写作工具主要是基于自然语言处理技术，通过分析用户的输入内容来生成相应的输出内容。如果用户的提问不够精准，那么 AI 工具可能无法准确理解用户的意图，从而导致生成的内容与用户的期望相去甚远，根本没有参考价值。

比如，你打算到成都旅游，想通过 AI 平台查询出行路线和旅行攻略，提问不同，得到的结果是不同的。在豆包平台输入提问："到成都旅游怎么走，如何玩？"得到的回答可能只是简单的交通工具介绍和市内的几条常见游玩路线推荐。如果提问更精准一点，在豆包平台输入提问："秋天从北京到成都旅游怎么去，怎么玩更好？"得到的答案就比较丰富，除了交通工具和游玩路线介绍，还会为你策划不同天数的行程攻略，提醒你注意天气变化，并推荐一些美食。

3. 补充和提升

虽然 AI 写作工具能够生成内容，但生成的文字内容比较空洞，深度不够，也没有个人情感。因此，写作者需要对文章进行必要的补充、完善和提升，融入个人风格和思考，确保文章的逻辑性、生动性、实用性和可读性，让内容质量变得更高。

4. 注意版权问题

写作者使用 AI 写作工具时，应增强版权意识，遵循不抄袭他人作品的原则，确保生成的原创内容不侵犯他人著作权，有明确出处的内容应标注来源。尤其是图片，写作者在进行第二次创作时，应尽量加入自己独创的图片。

事实上，关于使用 AI 写作发生侵权的案例最近几年已经出现。2023 年年底，北京互联网法院审结了李某起诉刘某侵害其作品署名权和信息网络传播权纠纷一案，明确了原告李某利用人工智能生成图片的作品属性和创作者身份，其作品受到著作权法的保护。最终，北京互联网法院做出一审判决，判决被告赔礼道歉并赔偿原告经济损失 500 元，宣判后双方均未提起上诉。

总之，在当前环境下，使用 AI 工具进行辅助写作日趋流行，但如何安全和高效地使用，还有很多地方值得研究和学习。此外，使用 AI 写作在法律方面还存在诸多漏洞。比如，AI 生成内容的著作权归属存在争议，可能导致版权纠纷。因此，使用 AI 写作一定要秉持适度原则，不宜过度依赖。

第三节　AI 助力写作变现

在本章前面两节，我们对 AI 写作的底层逻辑、优点和不足、注意事项等多个方面进行了详细介绍，下面我们来了解一下为何同样的提问，不同平台给出的答案却不同，以及如何精准提问和巧妙运用 AI 助力写作变现。

一、同样的提问，为何不同平台给出的答案不同

使用过 AI 辅助写作的人可能有一个疑惑，就是同样一个提问，在不同平台得到的答案是不同的。

那么，到底是什么原因造成这种情况呢？具体原因有四点。

1. 算法不同

从技术角度来看，不同的 AI 平台采用了不同的算法架构。其中，一些平台是基于规则，一些平台则是基于统计学习。算法决定了不同平台处理问题的方式和生成答案的逻辑，所以，就算是输入相同的问题，得到的答案也有较大差异。

2. 训练数据不同

AI 平台之所以能够生成内容，主要靠训练时使用的数据集的数量

和质量。换句话说，不同 AI 平台使用的数据来源、大小、质量会直接影响 AI 系统对问题的理解程度和回答的准确性。

3. 知识覆盖的范围不同

再聪明的 AI 也要依赖资料的多少和质量，加上每个 AI 平台的知识覆盖范围都有局限性，不可能包罗万象。就算在相同的领域，不同平台对某些特定主题的了解程度不同。比如，专注于健康的 AI 平台在回答健康问题时，回答的内容会更加准确，而把相同的问题输入一个综合性 AI 平台，得到的答案可能与专业平台给出的答案差别很大。

4. 更新频率不同

众所周知，在信息大爆炸时代，知识和信息的更新极快。不同 AI 平台必须不断更新自己的知识库和算法，才能满足市场需求。如果一家平台的技术和资金实力不足，内容更新频率较低，与经常更新的平台相比，其提供的内容就会滞后，不够精准。

二、如何让提问更加精准、有效

在实践操作中，因为提问不够精准和科学，导致得到的答案达不到要求的情况比比皆是。为此，写作者在使用 AI 辅助写作时必须学会提问。好比一位优秀的记者，在采访别人时，要想得到一篇高质量的采访稿，精准而巧妙的提问显得尤为关键。

在使用 AI 写作的过程中，如下几点可以帮助我们提出精准、有效的问题。

第一，明确主题。提问时，确保提出的问题直接和具体，而不能模糊不清，或者范围太大。比如，你想了解和学习 AI 知识对写作能够带来哪些好处,那么提问可以设置为:"AI对写作有什么好处?"而不能模糊地提问:"AI有什么好处?"否则AI生成的答案可能与你想要的结果没有太大关系。

第二,限制问题范围。意思是说,提出的问题得有边界,否则聪明的AI也没法回答。比如,"诺贝尔奖设立以来,化学领域取得了哪些奖?"这个提问的时间边界比较具体,就比"化学领域取得了哪些奖"这个模糊的提问好得多。

第三,提出背景信息。为了快速、精准地获得想要的结果,提问时可以加上背景信息。比如,你想去著名景区九寨沟旅游,去的时间是夏天,要搜索攻略和注意事项,提问"夏天到九寨沟旅游,需要注意什么"就会比"到九寨沟旅游,需要注意什么"得到更详尽的回答。

第四,细化具体需求。使用AI写作时,我们的提问既要简短精准,也要将具体的需求细化出来。比如,作为新人,你想得到学习瑜伽的具体技巧,提问可设置为:"新人练瑜伽,有哪些实用技巧?"而不是模糊地提问:"练瑜伽,有哪些技巧?"

第五,巧用关键词。在提问时,设计适当、明确的关键词,有利于AI更好地理解问题。比如,你想写一首与爱情相关的现代诗,提问可设置为:"请写一首以爱情为主题的现代诗。"那么,"爱情""现代诗"就是关键词。如果没有关键词,只是笼统地提出:"请写一首诗。"AI可能很难理解你的意图,因为它根本不知道你想要什么主题的诗歌,是现代诗还是古体诗。

第六,优化问题。当我们的提问得不到想要的答案,或者AI平台直接无法给出答案时,就得对之前的提问进行修改和优化。比如,检查问题是否明白和直接、逻辑是否清晰等，如果修改后还是不行，可以尝试不同的提问方式，或者换一个 AI 平台提问，直到得到更满意的答案。

三、AI 能够助力变现的五个细分领域

如今，随着技术的快速发展，AI 辅助写作已经被普遍应用。不过，对于数千万写作者[①]来说，大家更关心的问题是，哪些细分领域能够利用 AI 写作，实现变现赚钱的目标。通过长期跟踪观察和深入访谈，我认为 AI 可在五个细分领域助力变现。

1. 自媒体写作

在自媒体时代，各种自媒体平台层出不穷，而这些平台基本都有商业变现的渠道和产品。AI 可以辅助写作者快速生成文章的大纲，提供丰富的选题思路，提供案例和数据支持，使你的文章更具权威性和专业性，从而促进读者进行付费转化。

2. 商业软文写作

对于不同商业客户的诉求，AI 可以根据产品或服务特点，以及不同的目标受众喜好，生成初步的广告语和宣传文案，然后再由人工进行精心完善和修改，即可快速和批量完成任务，实现变现目标。

比如，在某 AI 平台输入"新手机上市，像素 1 亿，外观精美，售价便宜，请写一篇广告软文"的指令，30 秒左右即可生成如下内容：

---

① 根据《2023 年度中国网络文学发展报告》报告显示，截至 2023 年年底，我国网络文学平台仅驻站作者总数已达 2929.43 万人。

【重塑影像新纪元，亿像素之美触手可及】

在这个快节奏的时代，每一刻的精彩都值得被精心捕捉与珍藏。今天，我们满怀激情地向您介绍一款颠覆传统、融合极致性价比与卓越影像体验的新手机——光影梦想X，它将以一亿像素的清晰视界、精美绝伦的外观设计，以及超乎想象的亲民售价，重新定义您的手机生活。

【亿像素镜头，定格不凡瞬间】

想象一下，当一亿像素的镜头遇上您的生活，每一个细节都将被无限放大，清晰呈现。无论是晨曦初照的温柔，还是夜幕低垂的深邃，光影梦想X都能轻松捕捉，让您的照片拥有电影般的质感。一亿像素，不仅是数字的堆砌，更是对美好瞬间的极致尊重与保留。

【精美外观，彰显个性风采】

在外观设计上，光影梦想X同样下足了功夫。它采用了流线型的机身设计，搭配精致细腻的材质与工艺，每一处细节都透露不凡的品位与格调。无论是经典的黑白配色，还是时尚的渐变色系，都能满足不同用户的个性化需求，让您的手机成为彰显自我风采的时尚单品。

【亲民售价，奢华不再遥远】

更令人振奋的是，如此卓越的影像性能与精美外观，并没有伴随着高昂的价格标签。光影梦想X以超乎想象的亲民售价，让每一位追求高品质生活的您都能轻松拥有。我们相信，科技的力量应该惠及每一个人，让奢华的影像体验不再遥不可及。

【结语】

在这个充满可能的时代，愿光影梦想X成为您探索世界、记录生活的最佳伙伴。它不仅是一部手机，更是您追求梦想、展现个性的重要工具。现在，就让我们一起，用光影梦想X的一亿像素镜头去捕捉生活中的每一个不凡瞬间，开启一段全新的视觉盛宴吧！

对于写作水平不高，或没有太多时间写作的人来说，以上内容基本够用了。你可以再植入自己的品牌和产品信息，这样一篇商业软文就形成了。如果要求更高一些，则需要在此基础上进行优化。

3. 学术论文写作

如今，AI在学术论文写作方面用处较多，可以协助人们进行摘要、提纲、文献综述等方面的写作，能快速找到相关的研究文献，并提取关键信息。例如，撰写一篇关于5G时代的环保行业困境与趋势的论文时，AI可以搜索相关的学术论文、报告和书籍，整理出不同作者对于5G和环保行业的各种研究成果和独家观点，让你的论文更具前瞻性、创新性。

4. 研究报告写作

在市场经济时代，研究报告是一种对研究内容进行具体调查、研究、分析后形成书面报告的写作形式。受调研范围、市场供需、复制程度、品牌效应等多种因素的影响，专业的研究报告市场售价较高，从几千元到几十万元不等，商业价值较大。在撰写研究报告时，AI可以帮助写作者进行数据收集和分析，并生成图表和报告，缩短写作周期，提升工作效率。

5. 网络小说写作

目前早已不是文学狂热的年代，传统小说的读者群迅速缩小，但网络文学日趋火爆，市场也比较大。根据《2023中国网络文学发展研究报告》发布的数据显示，截至 2023 年年底，中国网络文学阅读市场规模达到了 404.3 亿元。对于网络写作者而言，AI 可以为网络小说的创作提供灵感和别具一格的创意。比如，AI 可根据作者设定的主题和情节，提供新的情节发展方向、人物性格或场景描述，即便这些内容可能无法直接使用，但可以作为参考和借鉴。

第四节 实战案例：AI 花一分钟创作千字文

经过前面的介绍和了解，相信大家对于 AI 写作的基础知识和使用技巧已经有了一个初步的认识。下面，我们使用国内比较有代表性的三个 AI 写作平台，输入相同的指令，生成一篇千字文的实战案例，并对生成的内容进行分析评点。

一、文心一言的生成版本

在百度旗下的 AI 平台文心一言中输入指令："请用鲜花、高山、女人和狗等词语，写一篇 1000 字的散文"。用时 57 秒，全文 1044 字，内容如下：

在那片被时光轻柔抚摸的土地上，自然与人文交织成一幅细腻而深邃的画卷，其中，鲜花、高山、女人与狗，各自扮演着不可或缺的角色，共同编织着一段关于生命、情感与自然的温馨故事。

春天，是万物复苏的季节，也是鲜花最为绚烂的时刻。山脚下，一片绚烂的花海仿佛是大自然精心布置的盛宴，各色花朵争奇斗艳，竞相展示着生命的活力与色彩。红的玫瑰如同烈焰般炽热，白的百合纯洁无瑕，黄的迎春花宣告着春天的到来，紫的薰衣草散发着淡淡的忧郁与浪漫。这些鲜花不仅装点了大地，更滋养了人们的心灵，让人们在忙碌与喧嚣之外找到了一片宁静与美好。

而在这片花海的背后，矗立着一座巍峨的高山，它像一位沉默的智者，见证了无数季节的更迭与生命的轮回。高山之巅，云雾缭绕，仿佛是天宫遗落人间的仙境。每当晨曦初现或夕阳西下，金色的阳光洒在山巅，那一刻的壮丽与辉煌让人心生敬畏，也让人对生命充满了无限的遐想与向往。对于勇敢者来说，攀登这座高山，不仅是对自我极限的挑战，更是一次心灵的洗礼与升华。

在这片充满生机的土地上，有一位温婉如水的女人，她如同山间的一股清泉，清澈而纯净。她的笑容如同春日里的阳光，温暖而明媚，能够驱散人们心中的阴霾。她热爱这片土地，热爱这里的每一朵花、每一片叶、每一座山。她常常在花海中漫步，与鲜花对话，感受大自然的呼吸与脉动。在她的世界里，生活不仅是柴米油盐的琐碎，更是对美好事物的追求与向往。

在她的身边，总有一只忠诚的狗陪伴左右。这只狗是她最亲密的伙伴，也是她心灵的寄托。无论是晨曦初露的清晨，还是夕阳西下的傍晚，它都默默地跟在她的身后，用那双充满智慧与温柔的眼睛注视着她。在她快乐时，它会欢快地摇尾巴，与她一同分享喜悦；在她忧伤时，它会静静地依偎在她的身旁，用身体给予她最坚实的依靠。这份简单而纯粹的情感让女人的生活充满了温馨与幸福。

随着时间的流逝，女人与狗之间的情感愈发深厚。她与它一起走过了无数个春夏秋冬，共同经历了生活的风风雨雨。在女人的心中，这只狗已经不仅是一只宠物,更是她生命中不可或缺的一部分。她常常对着它诉说心事,分享生活的点滴快乐与忧伤。而狗也总是用它那独特的方式回应她,让她感受到生命中最真挚的陪伴与守护。

就这样,鲜花、高山、女人与狗各自独立而又相互依存,在这片土地上共同演绎着一段段温馨而感人的故事,共同构成了这个世界上最美好的画面。在这个故事里,我们感受到了情感的温暖与力量。让我们珍惜这份美好,用心去感受生活中的每一个瞬间,让生命之花在心中永远绽放。

二、豆包的生成版本

在字节跳动旗下的 AI 平台豆包输入指令:"请用鲜花、高山、女人和狗等词语,写一篇 1000 字的散文"。用时 54 秒,全文 1032 字,内容如下:

在世界的一隅,有一座雄伟的高山,它傲然屹立于天地之间,如一位沉默的巨人,守望着岁月的流转。山脚下,是一片绚烂的花海,五彩斑斓的鲜花在微风中轻轻摇曳,仿佛是大自然用最细腻的笔触勾勒出的画卷。

在这如诗如画的美景中,有一个女人缓缓走来。她身着一袭淡雅的长裙,长发随意地披在肩头,眼神中透着一抹宁静与深邃。她的步伐轻盈而优雅,她仿佛是花间的精灵,每一步都带着一种独特的韵律。

女人的手中捧着一束鲜花,那是她刚刚从花海中精心挑选出来的。花朵娇艳欲滴,花瓣上还挂着晶莹的露珠,在阳光的照耀下闪烁着迷人的光彩。这些鲜花是大自然赋予她的礼物,每一朵都蕴含着生命的奇迹和美好。

　　女人静静地走到高山脚下，仰望着那巍峨的山峰。高山沉默不语，但它的雄伟和壮丽让女人感受到了一种无法言喻的力量。这座山见证了岁月的沧桑变迁，承载着无数的故事和传说。女人想，或许在这座山的深处，隐藏着许多不为人知的秘密，等待着她去探索和发现。

　　女人身边跟着一只可爱的狗，它欢快地在花丛中奔跑着，时而追逐蝴蝶，时而停下来嗅嗅花朵的芬芳。狗的眼睛里充满了好奇和喜悦，它似乎也被这美丽的景色所陶醉。女人看着狗的活泼模样，脸上露出了温柔的笑容。这只狗是她忠实的伙伴，陪伴着她走过了许多美好的时光。

　　女人在花海中找了一块平坦的草地坐下，将鲜花放在身边。她闭上眼睛，深深地吸了一口气，让那清新的花香围绕着自己。在这一刻，她仿佛与大自然融为一体，忘却了所有的烦恼和疲惫。她感受着微风的抚摸，听着鸟儿的歌唱，心中充满了宁静和喜悦。

　　狗也安静了下来，趴在女人的身边，用它温暖的身体陪伴着她。女人轻轻地抚摸着狗的头，心中充满了感激。她知道，在这个世界上，有很多东西是无法用言语来表达的，比如这只狗对她的忠诚和陪伴，比如这大自然的美丽和神奇。

　　女人睁开眼睛，再次望向那座高山。她想，人生就像攀登一座高山，充满了挑战和困难。但只要我们有勇气和毅力，就一定能够登上山顶，领略到那最美的风景。在这个过程中，我们也需要像这些鲜花一样，绽放出自己的美丽和风采，为这个世界带来一丝温暖和希望。

　　女人站起身来，牵着狗，再次走向那座高山。她决定要去探索这座山的奥秘，去寻找那些隐藏在深处的美好。她相信，在这个充满奇迹的世界里，只要我们用心去感受，用爱去生活，就一定能够找到属于自己的幸福和快乐。

在鲜花的簇拥下，在高山的注视下，女人和狗继续前行，她和它的身影渐渐消失在远方。而那片绚烂的花海和那座雄伟的高山却永远留在了人们的心中，成为一道美丽的风景线。

三、知乎直答的生成版本

在知乎旗下的AI产品知乎直答输入指令："请用鲜花、高山、女人和狗等词语，写一篇1000字的散文"。用时19秒，全文865字，内容如下：

在晨曦初露的时刻，万物复苏，大自然以它最温柔的姿态迎接新的一天。在这片被阳光轻抚的山谷中，鲜花铺就了一条通往高山的路，它们以无尽的色彩和芬芳诉说着季节更迭的秘密。每一缕微风都是大地母亲的低语，细说生命的力量与美丽。

女人如同这山谷中的精灵，轻盈地穿梭于花海之间。她的步伐轻柔，仿佛不愿惊扰任何一朵沉睡的花蕾。她的长发在微风中轻轻飘扬，与周围的自然风光融为一体，成为这幅画中最动人的笔触。她的眼中闪烁着对美好事物的渴望，每一次低头轻嗅，都是对生命之美的深深敬意。

高山，屹立于远方，它沉默地见证着岁月的变迁，岩石的纹理记录着风雨的侵蚀和时间的流转。女人仰望那高耸入云的峰顶，心中涌动的不仅是对未知的向往，还有对坚韧不拔精神的崇敬。山，以它的巍峨，教会了她坚持与勇敢，而她以女性独有的柔韧回应这份挑战。

在这片土地上，一只忠诚的狗紧紧跟随在女人的身旁。它是守护者，也是旅伴，用它那双充满智慧与温暖的眼睛，时刻注视着女人的步伐。狗的陪伴，如同山间清泉，给予她无言的支持与安慰。在孤独的旅途中，它是那抹不可或缺的温暖，让女人知道，无论前路如何崎岖，总有不离不弃的陪伴。

当夕阳西下，金色的光辉洒满山谷，女人与狗坐在花丛之中，眺望着渐渐被晚霞染红的高山。这一刻，时间仿佛静止，所有的烦恼与忧虑都随风而去。鲜花在余晖中更显娇艳，它们似乎也想为这温馨的画面增添一抹温柔的色彩。

女人轻声哼唱，歌声在山谷间回荡，与自然的韵律和谐相融。狗安静地依偎在她脚边，享受着这份宁静与和谐。在这一刻，人与自然、生灵与万物，达到了一种难以言喻的和谐与统一。

夜幕降临，星星开始在天空中闪烁，女人与狗踏上归途。高山在夜色中显得更加神秘莫测，而花海则沉入了梦乡，等待着被明日的阳光再次唤醒。这趟旅程，不仅是一场对外在世界的探索，更是一次心灵的洗礼。女人学会了从大自然中汲取力量，而大自然也因她的存在而更加生动。

如此，鲜花、高山、女人与狗共同编织了一个关于美、勇气、陪伴与和谐的故事。在这个故事里，每个元素都是不可或缺的，它们相互依存，共同构成了这个世界最动人的风景。

四、对 AI 生成内容的评点

从三家不同 AI 平台或 AI 工具生成的散文内容来看，可以发现几个问题。

第一，虽然输入的指令相同，但不同平台生成的内容完全不同。这说明每家平台的训练数据数量、质量和算法不同，直接影响生成的内容。更有意思的是，就算是相同平台，多次输入相同的指令，得到的结果也是不同的，这一点让人颇感意外！

第二，AI生成的内容，表面上看没什么大问题，但细读之后，就会发现个性化色彩不够，语言风格单一，公式化的特征明显，难以引起读者的情感共鸣。

第三，AI在面对复杂概念、隐晦含义、双关语等方面的问题时，表现明显不如人类，生成的内容显得生硬和呆板，思考的深度不够，生动性和趣味性不足。

爆文创富小案例

我与知乎AI绘画和AI视频创作者@德里克文认识的时间并不长，但通过几次交流，我发现他身上有着与众不同的地方。出生于1987年的他，三岁学画，曾以福建省文化课和美术专业课总分第一的高考成绩进入同济大学艺术设计系。毕业后，他曾去非洲援建。目前，他的本职工作是室内设计师。

凭借深厚的艺术功底、精益求精的创作态度，@德里克文先后斩获了百度的文心一言App第三期Prompt（提示词）创作大赛冠军、2023年度美图十大AI设计师等荣誉，其创作的AI视频作品还入选首届央视频AIGC大赏。他和温维斯共创的AI奥运短片《熊猫奥运奇幻之旅》被《人民日报》网上平台推送。

说到AI创作，@德里克文有着自己的独特理解。他认为，AI将对未来的工作产生重大影响。不过，这种影响主要集中在低端、重复性的脑力劳动方面。对于那些具有创造性或在特定领域深耕的人来说影响相对较小。而且，在 AI 工具的助力之下，那些本身就很厉害的人能够展现出比以往更强大的能力，以超级个体的形式完成任务。

2023 年 10 月 4 日，@德里克文在知乎上的一个热门话题《ChatGPT 和文心一言哪个更好用》下方作了一个回答。这篇回答的阅读量达到惊人的 65.8 万，点赞超过 1200 个，400 多条评论，属于妥妥的高赞回答。

这篇回答为何如此火爆？原因有三点。

一是精准踩中热点。彼时，ChatGPT 的热潮已经席卷全球，在媒体的大肆宣传之下，似乎给人一种无所不能的感觉。而作为国内顶尖的互联网公司，百度开发的 AI 工具文心一言也拥有无数忠实粉丝。国内外两款 AI 工具到底哪个更厉害，自然有很多人想知道，网上的各种讨论也比较热烈。

二是用案例说话。很多人进行创作，喜欢长篇大论，但真正有用的干货不多，@德里克文反其道而行之，直接采取用案例说话的方式进行对比，让读者可以更加直观地看到两款 AI 工具的使用效果。

三是用作品进行示范。对于新手来说，除了了解相关 AI 理论知识和最新资讯，还想看到真正的 AI 作品。作为资深的 AI 研究者和使用者，@德里克文在这篇回答短文中展示了多张自己创作的 AI 绘画作品，题材包含菜肴、中秋、直升机、汽车等。这些作品匠心独运、科技感十足，从而让读者对@德里克文的 AI 使用技巧和实力更加信任，进而积极参与评论和转发。

总而言之，这篇文章成为高赞回答，主要还是@德里克文用案例和实际的作品进行了有力地佐证，让读者感受到了AI创作的成熟和强大。

后记：通过写作向最好的时代致敬

英国文豪查尔斯·狄更斯在他的作品《双城记》中有句广为流传的名言：这是一个最好的时代，也是一个最坏的时代。这句话不仅深刻描绘了 18 世纪法国大革命时期的社会状况，也生动反映了狄更斯身处的 19 世纪 50 年代的英国面临着诸多社会矛盾，表达了社会变革时期人们对机遇与挑战的独特理解。

当历史的车轮进入 2024 年，有关 AI 是否会替代人类写作的讨论甚嚣尘上。在这场讨论中，专家学者、媒体和写作者均参与其中，纷纷发表自己的看法。其中，有观点认为凭借越来越强大和全面的功能，AI 代替传统人工写作不可避免。而更多人则认为，无论科技如何发展，AI 永远代替不了传统人工写作。对此，我持后一种观点。

我想要特别表达的一个观点是：作为知识、文化和思想生产的特有方式，人工写作不会消亡，人们不可能完全脱离写作。人与人需要情感交流、产品和服务需要宣传推广，人们对写作依然有着强大的需求。基于此，作为写作者，大可不必杞人忧天。写作者更应该排除外界的纷扰，用心写作，用具有时代特点的好作品向当下这个最好的时代致敬！

为什么说当下是最好的时代？

其实这很容易判断！今天的中国，国家繁荣富强，社会开明包容，国民综合素养快速提高，科技发展一日千里，文化事业正在迎来大繁荣、大发展的黄金期。作为写作者，我们没有任何理由去拒绝如此美好的时代！作为写作者，我们应该拿起手中的笔，去记录这个伟大的时代！

当然，作为过来人，我深知写作这条路并不好走，没有坚定的信念和一定的物质激励很难坚持下去。

曾经有很多人问过我，写作那么辛苦，又不赚钱，还一直在做，不累吗？实话实说，确实很累！

但是，一路走来，我却从未想过彻底放弃。就算中途有一段时间没有专职从事文字工作，业余时间依然笔耕不辍。或许，于我而言，写作已经融入我的骨髓，成为生命的一部分，此生难以剥离。

我的写作生涯开始于懵懂的初中时期，迄今已经超过25个年头。行至中年，我不止一次在想，在写作方面，自己能否为那些有志于或已经跨入文化行业大门的人做点什么。近年来，随着各类自媒体横空出世并迅猛发展，上千万人成为自媒体写作者，加上进行纯文学创作的专家作家和文学爱好者，以及2000多万个网络写手，我国的各类写作者（包括专职和兼职）保守估计高达亿人。而规模如此庞大的写作群体，其中大部分人都无法利用自己的才华和写作能力变现赚钱，部分人甚至连基本生存都成问题。

造成这种尴尬现状的原因有很多，既有政策方面的原因，如基础稿费太低；也有大环境方面的原因，传统媒体大幅萎缩；当然也有个人原因，如不能适应社会变化、不能及时发现市场需求。当我们无法改变世界时，只能先改变自己。因此，经过反复思考，我决定写这本书，希望这本实操性很强的书，能够帮助迷茫的写作者找到适合自己的路径，看透爆文背后的逻辑和秘密，实现变现创富的目标。

与其他同类书不同，我的多重身份和丰富的写作经验使这本书更具指导性。作为作者，20多年来，我的写作不曾中断过，写作的体裁涉及散文、诗歌、小说、新闻、评论等多个方向，这有助于我对不同写作题材的创作方法和技巧有更深的理解和把握。作为编辑，我阅读和修改过的文稿作品涉及经济、金融、科技、历史、商业、企业管理等多个领域，对多个细分行业的专业知识多少有些了解。最为关键的是，我可以随时进行作者与编者之间的身份切换，这让我对写作者和读者的需求及痛点有着深刻理解。

在本书中，我反复强调，只有理解并满足读者的需要，才是写出爆文并获得更好变现的根本。从这个意义上来说，本书是专门为解决写作者的痛点问题和实际需求而写的。看完本书，你不但可以更好地理解写作，看到自己的长处和短板，掌握写作的精髓和技巧，还可以找到写作变现的钥匙。

需要指出的是，写作是极为个性化的事情，也是一件非标准化的事情，不像工业制造，按照模具生产出来的东西完全一模一样。不同性格、专业背景和年龄的人写出来的内容肯定是完全不一样的。另外，鉴于文化行业周期长的特点，写作不太容易在很短的时间内看到效益，因此，坚持长期主义是必须的。

当然，AI的出现为写作者带来了很大帮助，一旦使用熟练AI，可以大幅提高效率、缩短写作周期、降低写作成本、提升变现的成效，但我认为，千万不要完全依赖 AI 写作，否则你有可能失去深度思考和个性化创作的能力。这对写作者而言，是极其不利的。

本书得以顺利出版，我要特别感谢企业管理出版社的鼓励和支持，也要对这么多年来一直支持我的粉丝和读者朋友表达最真诚的谢意。

认真阅读本书并领悟其中的精髓，我相信你的商业思维和变现能力肯定会得到提升。最后，衷心希望所有的写作者能够利用自己的才华和智慧写出更多更具价值的爆文，并且变得更加富有，乃至实现财富自由！

AI灵感助手
爆文拆解指南

24h在线答疑，
解答写文难题。

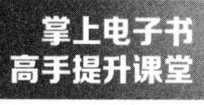

掌上电子书
高手提升课堂

随时随地开启阅读，
提升学习效率。

音频随身听
汲取变现策略

沉浸式学习书中知识，
加深学习记忆。

作者一对一
在线互动指导

在线对话本书作者，
汲取写作经验。

精彩视频
点击即享更多资源

打开阅读新视角，
掌握爆文创富技巧。

妙笔生金
成就理想之途

"码上"破解
爆文密码